Kulinarisch
durchs christliche Leben

Ein kleiner Jahresbegleiter
durch Kirche und Küche

Kochbücher aller Art haben heute wieder Konjunktur. Doch dieses hier ist etwas Besonderes: Es führt spielerisch und leicht durch den Reigen des Kirchenjahrs und hält immer wieder ein neues Blatt mit [illegible] Einladungen bereit.

“Essen hält Lei
ein einfaches und doch
sind Christen auch kein
klöße, im Gegenteil. Sie
Besinnung und Fasten wie Tage der Freude und des Genusses. “Wenn Rebhuhn, dann Rebhuhn, wenn Fasten, dann Fasten”, hat die heilige Teresa von Avila diese Lebensdevise auf die Formel gebracht. Viele Festgebräuche, die auch in der modernen Zeit landauf, landab lebendig sind, wuchsen auf dem Boden des Christentums, wie zum Beispiel die Fastnacht. Und es gibt noch manches, das wieder neu entdeckt werden kann.

1

Dieses Kochbuch stammt nicht aus der Eliteküche von Fachleuten und auch nicht von Prominenten. Es kommt aus der Erfahrung des Volkes. Manche Rezepte sind Ergebnisse einer jahrhundertelangen Tradition in unserem Land und werden hier zum ersten Mal gedruckt. Andere sind eine Anregung, auch einmal über den Rand des eigenen Kochtopfes hinauszublicken in den kulturellen Reichtum anderer Völker.

In diesem Buch stecken viel Liebe und Arbeit. Dafür danke ich allen Beteiligten ganz herzlich. Ich wünsche diesem Buch samt seinen kulinarischen Ergebnissen, daß es auf großen Appetit stößt und von vielen buchstäblich verschlungen wird.

Karl Lehmann
Bischof von Mainz

Speisekarte für Leib und Seele

Kirchenkalender / Küchenkalender / Seite

Zur Speisekarte

Die Uhren ticken gleichmäßig vor sich hin, unbestechlich zählen die Kalenderblätter das Verrinnen der Zeit. Doch Menschen sind keine Uhren und Kalender: Sie erleben die Zeit verschieden, im Rhythmus der Jahreszeiten, der wechselnden Stimmungen und der Lebensalter mit ihren Hoch- und Tiefpunkten.

Besondere Glanzlichter im Jahr und an den Wendepunkten des Lebens sind die Feste und Feiertage. Zu ihnen gehören nicht nur bestimmte Sitten wie Gratulationen, Geschenke, Tanz und Festkleider, sondern vor allem auch eine reich gedeckte Tafel mit bestimmten Gerichten. Oft weiß man heute freilich gar nicht mehr so genau, warum eigentlich dieser oder jener Tag gefeiert wird und warum gerade dieses Gericht und kein anderes zu diesem Tag gehört. Hier kann das vorliegende Büchlein weiterhelfen.

Zu seiner Entstehung wurden die Katholiken im Bistum Mainz aufgerufen, Rezepte für die verschiedenen Feste und Zeiten des Kirchenjahres und des Menschenlebens aufzuschreiben und einzusenden. Diese Rezepte sollten möglichst auf alten Traditionen beruhen, konnten aber auch originelle Neuschöpfungen sein. Eine Auswahl der zahlreichen Einsendungen ist hier abgedruckt.

Das Büchlein orientiert sich insgesamt am katholischen Glauben und Brauchtum. Doch die wichtigsten Feste sind christliches Gemeingut, und es finden sich auch einige Seitenblicke ins evangelische Kirchenjahr. Freilich konnten hier nicht alle alten und neueren Fest- und Gedenktage mit ihren kulinarischen Varianten beschrieben werden. Wer mehr wissen will, findet im Anhang eine Liste von Büchern, die noch weiterführen.

Die meisten der hier vorliegenden Rezepte wurden von unabhängigen Köchinnen und Köchen geprüft und gelegentlich etwas ergänzt und abgewandelt. Dennoch ist bei der Zubereitung manchmal auch etwas Erfahrung nötig. Ein wenig Lust am Risiko ist eben in der Küche genauso gefragt wie im ganzen Leben und auch im Glauben.

Advent

Mit dem ersten Advent beginnt für die Christen der Kreis eines neuen Kirchenjahrs. Darin feiern sie die Ereignisse aus dem Leben Jesu und seiner Kirche. Die Adventszeit selber dient der Vorbereitung auf Weihnachten, dem Fest der Geburt des Erlösers. Advent heißt “Ankunft” und ist ein doppeldeutiges Wort. Es besagt: Jesus Christus ist in die Welt gekommen (vor fast 2000 Jahren in Bethlehem), und zugleich: Jesus Christus wird wiederkommen (am Ende der Zeit, bei der Vollendung der Welt). Unter beiden Gesichtspunkten ist der Advent heute eine Zeit freudiger Erwartung.

Die Adventszeit ist reich an Brauchtümern, die helfen können, die einstmals stille und heute so hektische Zeit bewußter zu erleben. Nach dem Zweiten Weltkrieg hat das Symbol des Adventskranzes in den Kirchen wie zu Hause bei den Familien Einzug gehalten: Das Kerzenlicht am grünen Tannenkreis (ein Zeichen des Lebens mitten im Winter) nimmt Sonntag für Sonntag zu, während draußen in der Natur die Dunkelheit noch immer wächst. Der Adventskranz verweist so auf Jesus Christus, der das Licht der Welt ist.

Plätzchen und Lebkuchen gehören seit Jahrhunderten zum Festtagsgebäck an Weihnachten. Sie gehen auf den sehr alten christlichen Brauch zurück, am Ende der Meßfeier gesegnetes Brot an die Gläubigen auszuteilen. Fromme Phantasie hat dieses Brot mit der Zeit veredelt und ihm einen besonderen Stempel mit christlichen Motiven aufgedrückt: daher zum Beispiel der Name "Printen" (vom englischen Wort "to print" = aufprägen) und "Spekulatius" (vom lateinischen Wort "speculum" = Spiegel, Abbild) oder auch die Tradition der geformten Plätzchen.

Die Plätzchen, in den Wochen vor Weihnachten gebacken, reifen dem Heiligen Abend entgegen (falls die versteckte Gebäckschachtel nicht schon früher entdeckt wird). Auch mit dem Gaumen soll man schmecken, daß an Weihnachten den Menschen Gutes widerfahren ist.

In vielen Familien wird im Advent nach alter Tradition Buttergebackenes hergestellt. Das einfache Rezept – in früheren Zeiten mußte man ohne Backpulver auskommen – eignet sich besonders für das gemeinsame Backen mit Kindern.

Buttergebäck

Zutaten: *375 g Mehl, 250 g Butter, 125 g Zucker, evtl. 1 Tütchen Vanillezucker, 6 Eigelb, 1 abgeriebene unbehandelte Zitrone, Prise Salz*

Zubereitung: Aus den Zutaten einen Knetteig herstellen und ihn ca. eine Stunde im Kühlschrank ruhen lassen. Den Teig ca. 1/2 cm dick ausrollen und mit Förmchen ausstechen. Die Plätzchen auf ein gefettetes Backblech legen, mit restlichem Eigelb bestreichen und bei 180° (Umluft) etwa 15 Minuten goldgelb backen.

Irmgard Heiter (Mainz), tätig im Schuldezernat des Bischöflichen Ordinariats

Jutta Luley (Wattenheim), Leiterin einer katholischen Bücherei und Pfarrgemeinderatsmitglied

Elke Wesolowsky (Gießen), Bankkauffrau und Leiterin einer katholischen Bücherei

Hl. Nikolaus
6. Dezember

"Niklaus ist ein guter Mann", singen die Kinder, wenn sie in ihren am Vorabend aufgestellten Schuhen Leckereien und den Weckmann entdecken. Nikolaus ist ein beliebter Heiliger, bei groß und klein. Er lebte im 4. Jahrhundert und war Bischof in Myra, einer Stadt in Kleinasien (heute Türkei). Die Legende hat sein Leben mit vielen Wunderberichten ausgestattet: So soll er Kinder aus Seenot errettet, drei junge Bräute vor Mädchenhandel bewahrt und eine Stadt von der Hungersnot befreit haben. Seither wird Nikolaus als universaler Helfer angerufen: als Schutzpatron der Reisenden, der Kinder, Schiffer, Bäcker und der heiratslustigen Mädchen.

Im Mittelalter war es Brauch, daß die Kinder, die in den Klosterschulen erzogen wurden, für einen Tag einen Kinderbischof wählten, der das Kommando in der Schule übernahm. Als dieser Tag im 13. Jahrhundert auf den 6. Dezember verlegt wurde, nahm Sankt Nikolaus die Gestalt dieses Kinderbischofs an, der Schüler und Lehrer mit Lob oder Tadel bedachte. Während Nikolaus selbst der Inbegriff der Liebe und Güte war, sorgten seine Begleiter, wie zum Beispiel der Knecht Rupprecht, für das manchmal in der Erziehung nötige Gegengewicht der Strenge. Der heutige Weihnachtsmann der Kaufhäuser und Geschäfte hat kaum noch etwas mit dem heiligen Nikolaus zu tun.

Der süße Weckmann ist ein sogenanntes Gebildbrot. Gebildbrote nennt man die aus Brotteig und von Hand geformten Figuren und Symbole, die die Zeiten und Feste des Kirchenjahres widerspiegeln. Weckmann und Bischofsbrot sollen an die guten Taten des beliebten Heiligen erinnern.

Weckmann

Zutaten (für ca. 8 Weckmänner): *500 g Mehl, 1 Päckchen Trockenhefe, 1/4 l Milch, 100 g Zucker, 100 g Butter, 1 Teelöffel Salz, 1 Eigelb, Rosinen, Vanillearoma*

Zubereitung: Hefeteig aus Mehl, Milch und Hefe herstellen, halbe Stunde zugedeckt gehen lassen und dann die anderen Zutaten hinzufügen. Jeweils aus 100 - 120 g Teig einen flachen ovalen Körper formen, mit Einschnitten oben, an den Seiten und unten. Kopf, Arme und Beine vom Rumpf abbiegen und formen. Figuren nochmals gehen lassen, dann mit dem Eigelb bestreichen und mit den gewaschenen Rosinen Augen, Nase, Mund und Knöpfe einsetzen. Die Weckmänner ca. 15 Minuten bei 170° (Unterhitze) backen.

Sr. Maria Mercedes Hügel (Mainz), Köchin bei den Maria-Ward-Schwestern

Bischofsbrot

Zutaten: *5 ganze Eier, 250 g Zucker, 250 g Mehl, 250 g ganze Mandeln (abgebrüht und geschält), 250 g Sultaninen, 15 g Zimt*

Zubereitung: Eier und Zucker schaumig rühren, die restlichen Zutaten daruntermengen. Masse in eine gefettete Kastenform geben. 1 Stunde bei 175° backen. Zum Servieren dünn aufschneiden.

Petra Löwer (Worms), Kommunionhelferin, Mitglied des Pfarrgemeinde- und Verwaltungsrats

Heiliger Abend
24. Dezember

An Weihnachten feiern die Christen den Geburtstag Jesu. Doch warum am 24. und 25. Dezember? In der Römerzeit feierte man an diesen Tagen der Wintersonnenwende das Geburtsfest der unbesiegbaren Sonne. Die Christen stellten diesem heidnischen Fest das Geburtsfest des Erlösers entgegen: Jesus Christus ist die wahre Sonne der Welt. Wohl im Jahr 325 ist Weihnachten zum ersten Mal an diesem Termin gefeiert worden.

Der Heilige Abend ist eigentlich nur der Vorabend des Weihnachtsfests. Heute spielt er mit der Familienfeier, dem Austausch von Geschenken und einem festlichem Essen vielfach die Hauptrolle an Weihnachten. In vielen Gemeinden werden die Christmetten deshalb bereits am Nachmittag des Heiligen Abends gefeiert. Oft werden dabei Krippenspiele aufgeführt. Darum sind diese Gottesdienste vor allem für Kinder eine schöne Einstimmung auf das Weihnachtsfest.

Man mag es mit der Reihenfolge der Gottesdienste und der Familienfeiern halten, wie man will: Wichtig ist vor allem, daß die Menschen in allem Lichterglanz und Schenken etwas von der Freude an dem großen Geschenk spüren und weitergeben, das Gott mit dem Kind in der Krippe gemacht hat.

Früher gehörte der 24. Dezember noch zur vorweihnachtlichen Fastenzeit. So hat sich mancherorts die Tradition eines festlichen Fischgerichts wie vor allem des Weihnachtskarpfens entwickelt. Zum Nachtisch genießen Familien schlesischer Herkunft am Weihnachtstag Mohnklöße.

Karpfen in Butter gebacken

Zutaten (für 4 Personen): *2 Spiegelkarpfen ohne Kopf und Innereien (ca. 4 Pfund), 10 mittelgroße Zwiebeln, 250 g Butter, Salz, 1 Baguette (und eine scharfe Geflügelschere!)*
Zubereitung: Am 23.12. Karpfen entschuppen, in Stücke schneiden (ca. 7 - 10 cm breit), unter fließendem Wasser abspülen und beidseitig leicht salzen. Zwiebeln in Ringe schneiden. Karpfenstücke und Zwiebeln abwechselnd in einer Schüssel schichten, abdecken und 12 Stunden kühl stellen. Am 24.12. die Butter stark erhitzen und die Karpfenstücke darin beidseitig jeweils ca. 15 Minuten goldbraun braten und warmstellen. Die Zwiebeln dunkelbraun anbraten. Karpfenstücke mit den Zwiebeln anrichten. Dazu reicht man das Baguette und trockenen Weißwein. *Irmtrud Reben (Mainz), Hausfrau*

Mohnklösse

Zutaten (für 4 Personen): *150 g gemahlenen Mohn, 4 Milchbrötchen, 100 g Zucker, 1 l Milch, 2 Eßlöffel Honig, 50 g in 1 cl Rum eingelegte Rosinen, 50 g gehackte Haselnüsse, 50 g Kokosraspeln, abgeriebene Zitronenschale*
Zubereitung (evtl. am Vortag): Zutaten schichtweise in einer Schüssel anrichten: 1/3 der kleingeschnittenen Brötchen, darüber gestreut 1/3 Mohn, Nüsse, Kokosraspeln, Zucker und Rosinen, die beiden nächsten Schichten genauso. 1/2 l heiße Milch mit aufgelöstem Honig darübergießen. Zugedeckt 2 Stunden quellen lassen. Rest der heißen Milch mit Zitronenschale und etwas Rum darübergeben, alles gut verrühren, in eine Form füllen und kalt stellen. Dann die Form stürzen und mit Schlagsahne servieren.

Barbara Kossytorz (Ingelheim), Mitglied des Pfarrgemeinderats und Köchin u.a. im Pfarrhaus

Weihnachten
25. Dezember

Der 25. Dezember ist der eigentliche Weihnachtstag. Traditionell beginnen die Feierlichkeiten in der Nacht (Weih-Nacht) mit der Christmette; besonders festliche Gottesdienste am Tag schließen sich an.

Wenn ein Kind geboren wird, ist das immer Grund für ein Fest: Ein Lichtstrahl neuen Lebens kommt mit ihm in die Welt. Die Geburt des Jesuskindes ist für die Christen aber etwas ganz Besonderes: In diesem Kind ist Gott selbst Mensch geworden, und Jesus macht für die Menschen den Weg zu Gott frei. Das Tor zur hellen Welt Gottes steht wieder offen, wie es in einem alten Weihnachtslied heißt:

Heut schliesst er wieder auf das Tor
zum schönen Paradeis,
der Cherub (Engel) steht nicht mehr davor,
Gott sei Lob, Ehr und Preis.

Zeichen für das himmlische Licht, das aus dieser offenen Tür in die Dunkelheit der Welt fällt, sind zum Beispiel die brennenden Kerzen am Christbaum. Der Baum selber erinnert an den Lebensbaum im Paradies. Darum schmückt man ihn oft mit rotbackigen Äpfeln. Auch Oblatengebäck gehörte früher zum Christbaumschmuck. Es wies auf das Brot des Abendmahls bzw. der Eucharistiefeier hin. Im Empfang dieses Brotes haben die Menschen Anteil an Jesus Christus und an seiner Erlösung. Aus diesen Oblaten ist später das Weihnachtsgebäck geworden, das auch heute noch oft den Tannenbaum ziert.

Am Weihnachtstag findet in den Familien ein Festessen statt. Hierzu gibt es ganz unterschiedliche Traditionen. Fest zum kulinarischen Weihnachtsbrauchtum gehört jedoch der Christstollen, der ursprünglich aus Sachsen bzw. aus dem Erzgebirge mit seinen großen Bergwerken stammt. Der Bergmann träumte wohl oft von einem Wunderstollen mit vielen herrlichen Erzen und Edelsteinen, und der Christstollen mit den Mandeln, Rosinen und dem Orangeat ist dafür ein schönes Bild.

Aber es gibt für den Christstollen auch eine fromme Deutung: Die Form dieses Backwerks erinnert die Gläubigen an die Wiege bzw. das in weiße Windeln gewickelte Christkind.

Christstollen

Zutaten (für 2 - 3 Stollen): *nach Bedarf 500 - 1000 g Mehl, 1/2 l Milch, 1 Würfel Hefe, 300 g Butter, 275 g Zucker, 2 Eier, Teelöffel Salz; 100 g Korinthen, 50 g Rosinen, 50 g Zitronat, 50 g Orangeat, 100 g geriebene Nüsse oder Mandeln, 1/2 abgeriebene Zitrone, 1 Messerspitze Kardamon, einige Tropfen Rum*

Zubereitung: Aus Mehl, Milch und Hefe einen Vorteig herstellen (siehe Fastnacht), 1/2 Stunde gehen lassen. Rest von Milch und Mehl sowie Zucker, zerlassene Butter, Eier, Salz hinzugeben, alles gut durchschlagen und gehen lassen, dann übrige Zutaten dazugeben und nochmals gehen lassen. Stollen formen und ca. 50 Min. bei 180° backen. Die heißen Stollen mit Butter bestreichen und mit Puderzucker bestreuen.

Anna Bongarth (Rödelhausen/Hunsrück), Mitglied einer katholischen Frauenverbandsgruppe

Theresia Bongarth (Mainz), tätig in der Pressestelle des Bischöflichen Ordinariats

Hl. Johannes

27. Dezember

Der Apostel Johannes ist eine besonders sympathische Gestalt der Bibel. Er gehörte zu den ersten, die Jesus in den engsten Kreis seiner Jünger berufen hat. Beim letzten gemeinsamen Mahl war dieser Jünger, den Jesus besonders liebte, dicht an seiner Seite. Als einziger Jünger – zusammen mit einigen Frauen, die Jesus nachfolgten – hielt er seinem Meister bis unter das Kreuz die Treue. Der heilige Johannes gilt als Verfasser mehrerer Schriften der Bibel, in denen besonders von dem Leben, dem Licht und der Liebe, die Gott den Menschen schenkt, die Rede ist.

Vom heiligen Johannes erzählt eine alte Legende, daß er einmal ohne Schaden vergifteten Wein getrunken habe und dadurch einen heidnischen Priester bekehrte. Johannes wurde so zum Patron der Winzer. Bis in unsere Tage hat sich nicht nur in Weinbaugebieten die alte Sitte erhalten, am Johannestag (auch Winterjohanni genannt) Wein zur Segnung in die Kirchen zu bringen. Dieser Johanniswein wird gelegentlich bei Hochzeitsfeiern getrunken und wurde früher auch Pilgern mit auf den Weg gegeben oder Sterbenden gereicht.

In manchen katholischen Kirchen wird dieser gesegnete Wein aber auch schon am 27. Dezember im Gottesdienst getrunken. Der Priester reicht ihn den Gläubigen mit den Worten: "Trinke die Liebe des Johannes."

Wein

Hier muß kein Rezept zur Weinherstellung stehen; die Winzer wissen selbst am besten, wie ihr Rebensaft gelingt. Doch einige gute Gedanken zu diesem edlen Getränk können seinen Genuß gewiß noch steigern.

Vom Wein, "der das Herz des Menschen erfreut", ist in der Bibel oft die Rede. Denn "was ist das für ein Leben, wenn man keinen Wein hat, der doch von Anfang an zur Freude geschaffen wurde? Frohsinn, Wonne und Lust bringt der Wein, zur rechten Zeit und genügsam getrunken."

Das rechte Maß zu kennen, das ist Lebenskunst auch im Weingenuß. Bei ganz besonderen Festen darf der Wein aber ruhig auch mal in Strömen fließen. Als Jesus in Kana zu einer Hochzeit eingeladen war und der Gesellschaft der Wein ausging, hat er das Wasser gleich in sechs großen Krügen zu bestem Wein verwandelt. Jesus wollte damit zeigen, daß in seiner Gemeinschaft für die Menschen eine neue Zeit übergroßer Freude angebrochen ist.

In den Gottesdiensten der Kirche kommt auch Wein auf den Tisch: der Meßwein, für dessen Herstellung besondere Reinheitsvorschriften beachtet werden müssen. Diesen Wein trinken Priester und Gottesvolk zwar nur in kleinen Mengen, aber dafür hat er auch eine ganz besondere Bedeutung. Es ist der Wein, über den Jesus beim letzten Festmahl vor seinem Tod die geheimnisvollen Worte gesagt hat: "Das ist mein Blut, das Blut des Bundes, das für viele vergossen wird. Ich werde nicht mehr von der Frucht des Weinstocks trinken bis zu dem Tag, an dem ich von neuem davon trinke im Reich Gottes." Der Wein, über den diese Worte noch heute gesprochen werden, ist ein kleiner Vorgeschmack auf eine neue Tischgemeinschaft mit Gott, in der es jenseits von Zeit und Raum Lebensfreude im Überfluß – ohne alle "Reue danach" – für die Menschen geben wird.

Hl. Silvester

31. Dezember

Für viele Menschen ist der letzte Tag des Jahres Anlaß für eine fröhliche Silvester-Feier. Der Tag hat seinen Namen von Papst Silvester, der im Jahr 335 an diesem Tag starb.

"Prosit Neujahr!" schallt es vieltausendfach in dieser Nacht. Prosit – "es möge dir nützen" – riefen schon die alten Römer, die dem Gott Janus an Neujahr Wein opferten. Janus war für den Jahreswechsel zuständig, denn er hat zwei Gesichter: Nach links in die

Vergangenheit blickt ein bärtiger Greis, nach rechts in die Zukunft ein Jüngling.

Der Jahreswechsel ist auch Anlaß zur Besinnung. Vielerorts ist es üblich, am 31. Dezember einen Gottesdienst zum Jahresschluß zu feiern. Manche kommen auch zum mitternächtlichen Jahreswechsel in die Kirche. Dank für das Vergangene und Bitte für das Zukünftige haben hier ihren Platz.

Besonders gut paßt dann ein Lied des evangelischen Theologen Dietrich Bonhoeffer:

Von guten Mächten wunderbar geborgen,
erwarten wir getrost, was kommen mag.
Gott ist mit uns am Abend und am Morgen
und ganz gewiss an jedem neuen Tag.

Mit der Silvesternacht verbindet sich ein vielfältiges Brauchtum. Es ist allerdings meistens nicht christlichen Ursprungs, sondern entstammt – mehr oder weniger ernstgemeint – anderen Traditionen der Zukunftsdeutung und Wahrsagerei: Bleigießen, Horoskope lesen und Feuerwerk zünden. Auch der Kultfilm "Dinner for one" gehört vielerorts zum vergnüglichen Silvesterprogramm.

In der Küche steht man in dieser Nacht vor der Aufgabe, für Familie und Gäste ein originelles, wärmendes Wintergericht zuzubereiten. Wie wäre es zum Beispiel mit einer ebenso pikanten wie unkomplizierten Käsesuppe?

Käsesuppe

Zutaten: *1 kg gewürztes Schweinemett, 3 Zwiebeln, 3 Lauchstangen, 300 g Champignons, 1,5 l Brühe, 300 g Kräuterschmelzkäse, 300 g Sahneschmelzkäse, etwas Sahne, frisch gemahlenen Pfeffer und Muskatnuß*

Zubereitung: Schweinemett, kleingeschnittene Zwiebeln, Lauchstangen und Champignons jeweils gesondert anbraten. Mit der Brühe und den Käsesorten verrühren, in einen großen Topf geben und ca. 15 Minuten köcheln lassen. Mit Sahne, Pfeffer, gemahlenem Muskat und nach Wunsch einem Schuß Weißwein abschmecken und servieren.

Orielda Weimer (Mühlheim), engagiert im Missio-Kreativkreis

Erscheinung des Herrn

6. Januar

Obwohl auf den Kalenderblättern heute "Heilige Drei Könige" steht, ist dieser Tag kein Heiligenfest. Es ist der zweite große Festtag der Weihnachtszeit, auch wenn viele Zeitgenossen die Weihnachtssachen schon wieder eingepackt haben.

"Erscheinung des Herrn" wird das Fest offiziell genannt. Das heißt: Gott ist in Jesus Christus aller Welt erschienen.

In der Weihnachtsgeschichte der Bibel ist von Magiern die Rede, die dem Stern nach Bethlehem folgten. Aufgrund der erlesenen Geschenke, die sie dem Jesuskind überreichten (Gold, Weihrauch und Myrrhe), kam man später zum Schluß, daß es wohl drei Könige gewesen sein müssen.

Erst im 9. Jahrhundert bekamen diese Könige ihre Namen. Sie sollten den ganzen Erdkreis vertreten: Kaspar ist ein indischer, Balthasar ein babylonischer und Melchior ein hebräischer Name. Seit dem 12. Jahrhundert stellte man häufiger einen der drei (Melchior) als schwarzhäutigen Afrikaner dar.

Einer frommen Überlieferung zufolge werden die Gebeine der drei Könige im Kölner Dom verehrt. Doch in der Zeit um den 6. Januar kann man den Königen überall im Land auch leibhaftig begegnen. In der Sternsingeraktion ziehen Kinder, verkleidet als Könige und königliches Gefolge, durch die Gemeinden, singen und segnen die Häuser mit einer Kreideinschrift an den Türrahmen: C + M + B (und Jahreszahl), das heißt: "Caspar, Melchior und Balthasar" oder auch: "Christus Mansionem Benedicat" (Christus segne dieses Haus). Das Geld, das die Sternsinger dabei sammeln, kommt notleidenden Kindern in den armen Ländern der Erde zugute.

Mit den dunklen Winternächten um Weihnachten herum verband sich früher mancherlei magisches Brauchtum. Für den 6. Januar hat sich die Tradition des Dreikönigskuchens erhalten, in den eine Bohne eingebacken wurde. Wer die Bohne in seinem Stück fand, war für einen Tag "Bohnenkönig" und durfte sich etwas wünschen. Da die Bohne auch als geheimnisvolles Symbol für das Kind galt, hatten es die Christen nicht schwer, diesen Brauch mit den Heiligen Drei Königen zu verbinden: Wer die Bohne findet, wie einst die Könige das Kind in Bethlehem, wird selbst zum König oder zur Königin.

Dreikönigskuchen

Zutaten für den Teig: *400 g Mehl, 200 g Butter, 100 g Zucker, 2 Eier, 1 gestrichener Teelöffel Backpulver, 1 Päckchen Vanillezucker, abgeriebene Zitronenschale*

Zutaten für die Füllung: *1 - 2 Pfund säuerliche Äpfel, etwas Apfelsaft und Zucker, 100 g geschälte und geriebene Mandeln, 1 Feuerbohne*

Zutaten für den Zuckerguß: *200 g Puderzucker, etwas Himbeer- oder Kirschsaft, Kuvertüre*

Zubereitung: Zutaten für den Teig verkneten und zugedeckt etwas ruhen lassen. Äpfel schälen, Kerngehäuse ausstechen, kleinschneiden, mit dem Saft und etwas Zucker in einem Topf weichdämpfen und dann abtropfen lassen. Die Apfelmusmasse dicklich aufschlagen (evtl. mit etwas Speisestärke), die Mandeln untermischen und die Bohne dazugeben. Aus der Hälfte des Teigs einen Boden ausrollen, in eine gefettete Springform geben und einen Rand formen. Apfelmasse einfüllen. Von der zweiten Teighälfte den größeren Teil zu einem Deckel ausrollen und auf dem Kuchen festdrücken. Aus dem Teigrest Sterne ausstechen. Teigdeckel mit der Gabel ein paar Mal einstechen. Kuchen 50 - 60 Minuten bei 175 - 180° backen. Gegen Ende die Sterne auf einem Blech mit in die Röhre schieben und hell backen. Erkalteten Kuchen aus Springform lösen, an der Oberseite mit dem Zuckerguß aus Puderzucker und Saft dick überziehen; den Kuchenrand und die Sterne mit der geschmolzenen Kuvertüre bestreichen. Die Sterne werden in den noch weichen Guß an den Kuchenrand gesteckt, so daß dieser wie eine Krone aussieht.

Hildegard Meixner (Mainz), Mitglied des Pfarrgemeinderats

Taufe Jesu

Früher brauchte man zu einer Taufe viel Wasser. Ein ganzes Becken wurde damit gefüllt: Ganz "abtauchen" mußte der Täufling aus seinem alten Leben, um in ein neues Leben hinein aufzutauchen. Heute genügt ein kleines Kännchen Wasser, das über den Kopf gegossen wird, aber die Bedeutung ist dieselbe: Der Tauftag ist eine Art zweiter Geburtstag.

Wer sich taufen läßt, wird Christ und zugleich Mitglied der Kirche. "Fest soll mein Taufbund immer stehen", wird in den Kirchen gern aus vollen Kehlen gesungen. Die meisten können sich jedoch an ihren Tauftag genausowenig erinnern wie an den Tag der eigenen Geburt. Seit vielen Jahrhunderten wird die Taufe schon im Säuglingsalter vorgenommen: Eltern und Paten versprechen, das Kind in den Glauben hineinzuführen. In letzter Zeit ist jedoch ein Anstieg der Taufe von Erwachsenen zu beobachten, die den Glauben erst später für sich entdeckt haben.

Auch Jesus ließ sich schon taufen: von Johannes dem Täufer am Fluß Jordan. Dabei empfing er die Kraft des Himmels für sein Wirken in der Öffentlichkeit.

Die Kirche feiert das Fest "Taufe des Herrn" am Sonntag nach dem 6. Januar. Damit ist die Weihnachtszeit zu Ende, und es beginnt der Jahreskreis mit Erinnerungen an das Leben Jesu als Erwachsener.

Mit dem Festtag einer Taufe verbinden sich im Gottesdienst und in der Familienfeier viele Zeichen und Bräuche: das weiße Taufkleid, die Kerze, aber auch mancher Gaumengenuß am reich gedeckten Tisch. Mit den Donauschwaben kam das Rezept einer köstlichen Godelsuppe (Godel, bei uns auch Gode = Pate/Patin) in unsere Region. Diese Suppe wird als erster Menügang bei einem Tauffest oder an anderen großen Festtagen serviert.

Godelsuppe

Zutaten für die Suppe: *1 schönes, fleischiges Suppenhuhn, 2 - 3 Petersilienwurzeln, 2 - 3 Karotten, 1 Zwiebel, 1/4 Sellerieknolle, 1 Paprikaschote, Petersilienblätter, Sellerieblätter, 5 - 6 Lorbeerblätter, je 6 - 7 Pfefferkörner und Nelken, 1/2 Teelöffel Muskatblüte, 1 Knollen Ingwer, Salz, Safran*

Zutaten für die Grießklößchen: *2 Eier, 8 Eßlöffel Hartweizengrieß*

Zubereitung: 3 l Wasser zum Kochen bringen. Das zerkleinerte Suppenhuhn dazugeben, aufkochen lassen und das Wasser abschäumen. Eine Stunde leise brodelnd weiterkochen. Dann Petersilienwurzeln, Karotten, Zwiebel und Paprikaschote hinzugeben; alles 3 - 4 Stunden weiterköcheln. In der letzten halben Stunde Petersilien- und Sellerieblätter gebündelt hineingeben, außerdem Lorbeerblätter, Salz sowie ein Gewürzei mit Pfeffer, Nelken, Muskatblüte und zerkleinertem Ingwer. Die Suppe muß am Ende klar, goldglänzend und fast ölig sein. Sie wird schließlich durch ein Haarsieb von den Einlagen getrennt, mit etwas Safran gewürzt und mit eingekochten Fadennudeln oder Grießklößchen serviert.

Grießklößchen: Eiweiß der Eier zu steifem Schnee schlagen, Eigelbe vorsichtig unterziehen, dann den Grieß langsam und locker unterheben. Aus der Masse mit einer Eßlöffelspitze etwa haselnußgroße Mengen abheben und in die kochende Suppe versenken.

Katholischer Frauenkreis von St. Stephan (Griesheim)

Bibelsonntag

Wovon lebt der Mensch? "Der Mensch lebt nicht vom Brot allein, sondern von jedem Wort, das aus Gottes Mund kommt", hat Jesus gesagt. Zu einem gelungenen Leben braucht es mehr als nur Geld, Besitz und einen gedeckten Tisch, so lebensnotwendig dieser ist.

Gott hat viele Möglichkeiten, zu den Menschen zu sprechen. Ein verläßlicher Weg, seine Stimme zu hören, ist jedoch nach wie vor die Bibel. "Bibel", das heißt einfach "Buch". Aber kein Buch der Welt wurde und wird so oft übersetzt, verkauft, verteilt und gelesen wie dieses. Dabei ist die Bibel nicht nur "fromm", sie ist prall von buntem Leben, alltäglichem und ganz besonderem. Über mehrere Jahrtausende haben Menschen darin ihre Erfahrungen mit Gott (und mit den mehr oder weniger lieben Mitmenschen!) festgehalten: Staunen, Verwunderung, Freude und Entzücken, aber oft auch Zweifel und Not auf der Suche nach dem Lebenssinn. "Doch wer suchet, der findet; und wer anklopft, dem wird aufgetan." Die Bibel ist eine solche Tür, die sich öffnet.

Das Christentum hat das Alte Testament der Bibel von den Juden übernommen und im Neuen Testament einige Schriften hinzugefügt, die von Jesus und der jungen Kirche erzählen. Am letzten Sonntag im Januar, dem Bibelsonntag, erinnern sich die Kirchen gemeinsam an die Bedeutung der Heiligen Schrift. Vom heiligen Hieronymus, einem Bibelgelehrten aus dem 4. Jahrhundert, stammt das Wort: "Die Bibel nicht kennen, heißt Christus nicht kennen."

Die Bibel erzählt vom Propheten Ezechiel, daß Gott ihm eine Buchrolle zu essen gegeben habe, und sie wurde in seinem Mund süß wie Honig. Mit der Bibel sollte man das vielleicht nicht ganz so wörtlich nehmen. Doch wer das folgende Bibelrätsel löst, kann am Ende immerhin in einen süßen Kuchen beißen.

Die Zutaten sind in den einzelnen Versen versteckt, die man in der Bibel nachschlagen muß; das Inhaltsverzeichnis der Bibel hilft bei der Suche. Zum Beispiel 250 g Sprichwörter 30,33 = Zutat im 33. Vers des 30. Kapitels im Buch der Sprichwörter: "Denn stößt man Milch, so gibt es Butter", das heißt also: Man nehme 250 g Butter.

Bibelkuchen

Zutaten: *250 g Sprichwörter 30,33*
2 Tassen Richter 14,18 (Versanfang)
4 1/2 Tassen 1. Buch Könige 5,2
2 Tassen 1. Buch Samuel 30,12 (zweite Möglichkeit)
3/4 Tasse 1. Brief an die Korinther 3,2
2 Tassen Nahum 3,12
1 Tasse Numeri 17,23
6 Stück Jeremia 17,11 (nicht das Rebhuhn selbst!)
1 Prise Matthäus 5,13
4-5 Teelöffel Jeremia 6,20 (zweite Möglichkeit; nach Belieben)
3 Teelöffel Backpulver (leider in der Bibel noch unbekannt)

Zubereitung des Teigs: Sprichwörter 23,14 (erster Teil)
Backzeit bei Mittelhitze in Minuten: Richter 10,4 (zwei bis drei Zahlen zusammenzählen)
Anregung zum Servieren: Lukas 14,12-14

Karin Gunst (Mainz), Hausfrau

Hildegard Meixner (Mainz), Mitglied des Pfarrgemeinderats

Claudia Zuber (Worms-Horchheim), Lehrerin und Pfarrgemeinderatsvorsitzende

Hl. Valentin

14. Februar

Am Valentinstag schlagen die Herzen der Verliebten höher. Doch was haben erhöhte Herztöne mit dem heiligen Valentin zu tun? Er war Bischof von Terni in Italien und ist um 269 in Rom hingerichtet worden, weil er seinen Glauben nicht verleugnen wollte.

Immerhin: Zu Lebzeiten soll er junge Paare getauft haben. Wohl darum hat man ihn zum himmlischen Fürsprecher der Verlobten und zum Gewährsmann einer guten Heirat auserwählt. Doch auch die Franzosen, die ja bekannt sind als Spezialisten der Liebe, haben dabei mitgemischt: In Frankreich hat sich nämlich der 14. Februar als Tag der Brautleute herausgebildet, und nach dem Ende des Zweiten Weltkriegs erzielte ein Valentins-Werbefeldzug französischer Blumenhandlungen über die Grenzen des Landes hinaus große Erfolge. Also verschenkt man am Valentinstag heute Blumen an einen Menschen, an den man sein Herz verloren hat.

Doch Valentin hat nicht nur für Liebeskranke ein Herz. Seit langem gilt er auch als Schutzpatron der Epileptiker: Die Epilepsie hieß früher auch "fallende Krankheit" - und wer sollte da besser helfen können als ein Heiliger mit dem Namen "Fall-nit-hin"?

Nicht nur duftende Rosen, auch Leckereien sind geeignet, die Süße der Liebe zum Ausdruck zu bringen. Wer Spaß daran hat, kann am Valentinstag zum Beispiel aus Hefeteig ein Herz formen, backen, mit Zuckerguß überziehen und den Namen des geliebten Menschen eingravieren.

Wir wollen hier aber noch etwas ganz Besonderes vorschlagen. Ein Liebesgedicht der Bibel beginnt mit den Worten: "Mit Küssen seines Mundes bedecke er mich. Süßer als Wein ist deine Liebe." Wie wäre es also mit Liebesküßchen, einem süßen Konfekt? Traditionell wird es zwar zu Weihnachten, dem Fest der Liebe, hergestellt, aber das Christkind hat gewiß nichts dagegen, wenn wir es hier an den heiligen Valentin und alle unter seinem Schutz stehenden Liebesleute weiterreichen.

Liebesküsschen

Zutaten: *250 g Palmin, 150 g Blockschokolade, 250 g Puderzucker, 3 Eier, 1 Päckchen Vanillezucker, 1/2 Teelöffel löslicher Kaffee, 1 Paket große Backoblaten in Plattenform*

Zubereitung: Palmin in ein kleines Gefäß tun und dieses in ein heißes Wasserbad stellen, bis das Fett flüssig ist. Eier und Puderzucker miteinander verschlagen und unter das Palmin rühren. Dann die geriebene Blockschokolode, den Vanillezucker und den Kaffee dazugeben. Die Masse etwas erkalten lassen, einen Teil auf eine Oblatenplatte streichen, mit der nächsten Platte abdecken, darauf die nächste Schicht Schokoladenmasse und so weiter, bis das Ganze aus drei Lagen von insgesamt ca. 1,5 cm Höhe besteht. Am Ende mit einer Oblatenplatte als Deckel abschließen.

Alles im Kühlschrank erkalten lassen. Wenn die Masse hart ist, kann das Konfekt in beliebigen Formen (z.B. Rauten) kleingeschnitten werden.

Die angegebene Menge reicht für die Herstellung von zwei dieser mehrschichtigen Konfektlagen.

Walburga Hawig (Mainz), tätig in der diözesanen Öffentlichkeitsarbeit und Pfarrgemeinderatsmitglied

Fastnacht

Der Mainzer Bischof Leopold Haffner verkündete im 19. Jahrhundert in einer Predigt am Fastnachtssonntag: “Die Fastnacht ist eine höchst christliche und wahrhaft katholische Institution, und es würde fast einer Ketzerei gleichkommen, wenn man sie abschaffen wollte.” Fastnacht ist tatsächlich nicht ohne den Festkalender der Kirche zu denken. In den letzten Jahren haben Volkskundler diese von Konfetti verschüttete Wahrheit wieder freigelegt.

“Fastnacht” meinte ursprünglich die Nacht vor dem Fasten, also vor dem Aschermittwoch. In dieser Nacht wurde noch einmal kräftig gefeiert, bevor die Fastenzeit mit dem Verzicht auf Fleischspeisen anfing. Daher kommt auch nach einer volkstümlichen Deutung der Name Karneval, lateinisch “carnis vale”, das heißt: Fleisch, leb’ wohl.

An Fastnacht schlüpfte mancher gerne in eine Narrenrolle, um einmal ein ganz anderer zu sein oder um den Mitmenschen einen kritischen Spiegel vorzuhalten. So wurde die Fastnacht auch zur Gelegenheit, unter dem Schutz der Narretei soziale und politische Mißstände anzuprangern. Symbolfiguren der Mainzer Fastnacht wie der Bajazz und der Till führen diese Tradition bis heute weiter.

Hinter den närrischen Masken verbirgt sich also manche Weisheit. Und Humor und Freude waren schon immer erstrebenswerte christliche Tugenden!

Mit der Fastnacht verbinden sich viele Rezepte für Fett- und Schmalzgebäck (am bekanntesten ist der Kreppel oder Krapfen). Sie sind Sinnbilder für Überfluß und überschlagende Festfreude. Der Donnerstag vor Fastnacht hat darum in einigen Regionen auch den Beinamen "fetter Donnerstag".

Fastnachtsküchlein

Zutaten (für 4 Personen): *500 g Mehl, 1/2 Würfel Hefe, 50 g Zucker, 1/4 l Milch, 1 Teelöffel Salz, 1 großes oder 2 kleine Eier, 50 - 80 g Butter, 250 g Schmalz*

Zubereitung: Die Hefe mit etwas Zucker und ein wenig lauwarmer Milch verrühren. In der Mitte des Mehls eine Vertiefung machen, darin einen Teil des Mehls mit der Hefemischung zu einem dickflüssigen Vorteig anrühren, diesen leicht mit Mehl bestäuben und in einer zugedeckten Schüssel etwa eine halbe Stunde warmstellen.

Zucker, Salz und lauwarme Milch zum Vorteig dazugeben und alles verrühren. Eier, zerlassene Butter und so viel Milch dazugeben, daß ein zarter Teig entsteht. Den Teig so lange rühren, bis er Blasen schlägt und sich vom Löffel löst. Schüssel mit dem Teig wieder zudecken und noch einmal eine halbe Stunde warmstellen.

Dann den Teig fingerdick ausrollen, Vierecke ausschneiden und sie im heißen Schmalz kurz backen, bis sie goldbraun sind.

Daniela Jensen (Gemünden), Pfarrsekretärin und Vorsitzende des Pfarrgemeinderats

Aschermittwoch

Wenn die Katholiken am Aschermittwoch aus dem Gottesdienst kommen, fallen sie auf durch ein dunkles Kreuz auf der Stirn. Der Priester hat es dort mit geweihter Asche angebracht und dazu die Worte gesprochen: “Bedenke Mensch, daß du Staub bist und wieder zum Staub zurückkehren wirst.” Die Asche ist also ein Symbol der einfachen Erde, aus der die Menschen stammen und die sie nach dem Tod wieder aufnehmen wird. Inmitten von menschlichem Ehrgeiz und Eitelkeit tut es gut, von Zeit zu Zeit daran erinnert zu werden. Die Asche ist außerdem ein Zeichen der inneren Reinigung, denn früher wurden aus Asche Waschmittel und Seifen hergestellt.

Mit dem Aschermittwoch beginnt die Fastenzeit (Österliche Bußzeit), die auf das Osterfest vorbereiten soll. Jesus selbst hat vor seinem öffentlichen Auftreten 40 Tage in der Wüste gefastet. Nach seinem Vorbild sind in der sechswöchigen Fastenzeit alle dazu eingeladen, durch Verzicht Leib und Geist von Ballast zu befreien und dem Leben durch Besinnung, Umkehr und gute Taten eine neue Richtung zu geben. Kirchliche Spendenaktionen machen das Herz weit für die Not anderer. In einer Zeit, in der ein Teil der Menschheit in Überfluß und Übersättigung lebt, ein anderer jedoch kaum das Nötigste zum Überleben hat, gewinnt die alte Tradition einer freiwilligen Fastenzeit wieder neue Bedeutung.

Für die Mahlzeiten der Fastenzeit galten in den vergangenen Jahrhunderten verschiedene, mehr oder weniger strenge Speiseverbote. Heute kann man sich selbst aussuchen, worauf man in der Fastenzeit am sinnvollsten verzichten will. Der Aschermittwoch ist jedoch, wie der Karfreitag, noch immer ein sogenannter Fast- und Abstinenztag, an dem einmal kein Fleisch und Alkohol auf den Tisch kommen sollten.

In der Fastenzeit haben seit jeher Nudeln, Pfannkuchen und Klöße aller Art Hochkonjunktur. Hier wird ein altes Familienrezept empfohlen, das zum Abnehmen freilich weniger geeignet ist. Früher mußten eben auch in der Fastenzeit die Kräfte für oft schwere körperliche Arbeit erhalten bleiben.

Nasse Dampfnudeln

Zutaten für die Klöße (für 4 Personen): *500 g Mehl, 1 Päckchen Hefe (25 g Frischhefe), 1/4 l warme Milch, 80 g Zucker, 100 g Butter, 2 Eier, 1 Prise Salz*

Zutaten für den Topf: *1/4 l Milch, 60 g Zucker, 60 g Butter*

Zubereitung: Aus den Zutaten für die Klöße einen Hefeteig herstellen (siehe Fastnacht). Klöße formen (wenn der Teig klebt, noch etwas Mehl unterkneten; er sollte aber sehr weich bleiben) und auf einem Brett im warmen Ofen gehen lassen. In einem großen Topf oder einer Pfanne mit gut schließendem Deckel Butter, Zucker und Milch heiß werden lassen. Die Klöße hineinsetzen. Den Topf schließen und Deckel nicht mehr abnehmen. Die Klöße bei mittlerer Hitze 30 - 40 Minuten garen. Sie sind fertig, wenn es im Topf leise zu knistern beginnt. Mit Vanillesoße, Zimt, Zucker und Obst servieren.

Susanne Leonhardt (Kallnheim), Mitglied des Pfarrgemeinderats

Gründonnerstag

Warum ist dieser Donnerstag "grün"? Sein Name leitet sich her von "greinen" (weinen). Früher wurden an diesem Tag kurz vor Ostern nämlich die Büßer wieder in die Kirchengemeinschaft aufgenommen, und sie weinten dabei zugleich Tränen der Reue und Freude. Außerdem schmückten sie sich mit jungem Grün als Zeichen dafür, daß die einstmals "dürren Zweige am Stamm der Kirche" nun wieder neu zu leben begonnen hatten.

Doch das Fest hat noch mehr zu bieten. Jesus hielt einst an diesem Abend vor seinem Tod zusammen mit seinen Jüngern ein letztes festliches Mahl. Es begann ungewöhnlich: Jesus kniete sich vor seinen Jüngern nieder und wusch ihnen die Füße. Alles, was ich tue, tue ich für euch, wollte er damit sagen.

Am Gründonnerstag feiert die Kirche freudig die Einsetzung der Eucharistie- und Abendmahlsfeier. Doch mitten im abendlichen Gottesdienst, nach dem festlichen Gloria-Gesang, verstummen in den katholischen Kirchen bis zu Ostern Glocken und Orgeln. Die Christen denken daran: Jesus ging nach dem letzten Abendmahl in die Nacht hinaus, betete und weinte voller Angst, wurde verraten und gefangengenommen. Die Stunden seines Leidens haben begonnen, "die drei heiligen Tage des gekreuzigten, begrabenen und auferstandenen Christus" (Augustinus).

Am Gründonnerstag ist es seit langem Brauch, Grünkräuter zu pflücken und als Speise zuzubereiten. Das hängt mit der uralten Tradition des jüdischen Pesach-Mahls (Pascha) zusammen, das Jesus vor seinem Tod mit seinen Jüngern gefeiert hat. Bei diesem Mahl gab und gibt es bis heute Lammfleisch, ungesäuertes Brot und Bitterkräuter.

In unseren Regionen kommen am Gründonnerstag verschiedene Arten von "Grüner Soße" oder von "grünen Pfannkuchen" auf den Tisch; hier ein hessisches Rezept für solche Pfannkuchen:

Griene Pannekuche

Zutaten (für 4 Personen): *2 kg rohe Kartoffeln, 2 Eßlöffel saure Sahne, 1 Ei (oder entsprechend mehr Sauerrahm), 2 Eßlöffel Kartoffelmehl oder Grieß, Salz, reichlich erste Frühlingskräuter (z.B. Schnittlauch), geriebene Zwiebel, Backfett*

Zubereitung: Kartoffeln schälen, reiben, auf einem Sieb abtropfen lassen. Sofort mit saurer Sahne (oder Sauermilch) vermischen, damit sie sich nicht verfärben. Den Teig mit dem Ei (oder mit weiterem Sauerrahm) und Kartoffelmehl oder Grieß binden (bei neuen Kartoffeln ist Grieß zu empfehlen), mit Salz gut abschmecken. Die fein gewiegten Kräuter unterheben, nach Belieben feingeriebene Zwiebel dazugeben. Reichlich Backfett erhitzen. Den Teig löffelweise hineingeben und flachdrücken. Pfannkuchen auf beiden Seiten braun und knusprig backen.
Dazu gibt es Apfelbrei.

Franziska Hutzler (Seligenstadt), Vorsitzende einer katholischen Frauenverbandsgruppe

Karfreitag

Der Name des Karfreitags kommt vom altgermanischen "kara", was soviel wie Trauer, Klage bedeutet. An diesem Tag erinnern sich die Christen an den Tod Jesu am Kreuz. Doch der Tag ist nicht ohne Hoffnung und stille Dankbarkeit. Jesus hat ein Menschenschicksal bis zu dem dunkelsten Ende durchlebt, als Unschuldiger grausam hingerichtet zu werden. Und Gott war mit ihm: Auch in der letzten Finsternis von Gewalt und Tod läßt Gott den Menschen nicht allein.

Das Fernsehen bringt am Karfreitag Bilder aus Jerusalem, wo seit Jahrhunderten Pilger aus aller Welt den Weg Jesu bis zur Hinrichtungsstätte – die "Via dolorosa" (Schmerzensweg) – nachgehen. Auch bei uns vollziehen viele Christen in den katholischen Kirchen die Stationen dieses Kreuzwegs mit Prozessionen und Gebeten. Um 15 Uhr, in der Todesstunde Jesu, finden in den meisten Kirchen Gottesdienste statt: Die Leidensgeschichte Jesu wird vorgelesen, das Kreuz wird besonders verehrt, und Fürbitten für die Menschen in aller Welt werden vor Gott getragen. Manche halten abends an einem symbolischen Grab Jesu ein stilles Gebet.

In den evangelischen Kirchen gilt der Karfreitag weithin als der höchste Feiertag.

Karfreitag ist der Beginn eines strengen Fastens zur Vorbereitung auf die Osternacht. Schon im 2. Jahrhundert wurde am Karfreitag und Karsamstag ein solches Trauerfasten gehalten. Auch heute hat dieses Fasten seine Bedeutung: Nur wer "fastet", kann auch richtig "festen"! Darum geben sich viele am Karfreitag mit einem einfachen Fisch- oder Mehlgericht zufrieden.

Kartäuser Fastengericht

Zutaten (für 4 Personen): *400 g Reis, 600 - 700 g geräucherte Fischstücke (Rotbarsch, Heilbutt oder fertige Makrelenfilets), 2 Eßlöffel gehackte Petersilie, Butter;* für die Soße: *3 Eßlöffel Tomatenketchup, Sahne*

Zubereitung: Den Fisch (wenn nötig) 2 Minuten in heißes Wasser legen, enthäuten, entgräten und mit einer Gabel in kleine Stücke zerpflücken. In einer Pfanne mit ein wenig Butter anrösten. Reis, Fisch und Petersilie in einer Schüssel mischen. Tomatenketchup mit so viel Sahne verrühren, bis die Soße rosafarben ist. Dazu grünen Salat servieren.

Carola Wasserzier (Ingelheim), Mitglied im Kirchenchor, Caritas- und Missionskreis

Hausmacher Nudeln

Zutaten (für 4 Personen): *300 g Mehl, 3 Eier, 2 Eßlöffel Öl, 1 Teelöffel Salz, Butter, Brotstückchen, getrocknete Pflaumen*

Zubereitung: Alle Zutaten zu einem geschmeidigen Teig verkneten und 1 Stunde ruhen lassen. Teig zu dünnen Platten ausrollen, Bänder herausradeln und in kochendem Salzwasser 10 Minuten ziehen lassen. Nudeln mit gebräunter Butter samt gerösteten Brotkrüstchen servieren, dazu die getrockneten Pflaumen.

Nudeln können locker aufgerollt auch getrocknet und später gekocht werden.

Helene Richtscheid (Otzberg-Habitzheim), tätig im Pfarrgemeinderat und in der Seniorenarbeit

Karsamstag

"Gott ist tot", so meinten manche Denker der modernen Zeit. Viele Leute sind heute dieser Ansicht, daß es Gott gar nicht gibt, oder zweifeln an seiner Existenz. Aber auch religiöse Menschen machen manchmal die Erfahrung von innerer Finsternis und Verzweiflung: Gott antwortet und hilft nicht, er ist wie abwesend.

Der Karsamstag war einstmals einer der stillsten Tage im Kirchenjahr. Jesus, Gottes lebendige Stimme, sein Sohn, ist begraben und abgestiegen in das Reich des Todes. Totenstille liegt über der Welt, alles hält den Atem an. Die Christen warten mit Fasten und Gebet auf ein Wunder: daß die Kraft Gottes stärker ist als die Macht des Todes.

Im Alltag spürt man heute oft nicht mehr viel von der besonderen Stille dieses Tages. Viele sind mit den Vorbereitungen auf die Ostertage beschäftigt oder mit dem Frühjahrsputz. Manche nehmen diesen Tag jedoch auch zum Anlaß eines inneren "Großreinemachens". Sie befreien ihr Gewissen im Beichtstuhl oder in einem Beichtgespräch von allem, was sie bedrückt. Was für die Beichte spricht? "Nur die ausgesprochene Sünde kann ihre Macht verlieren", schrieb Dietrich Bonhoeffer. Und die Freude, wenn einer dann im Auftrag Gottes sagt: "Deine Sünden sind Dir vergeben."

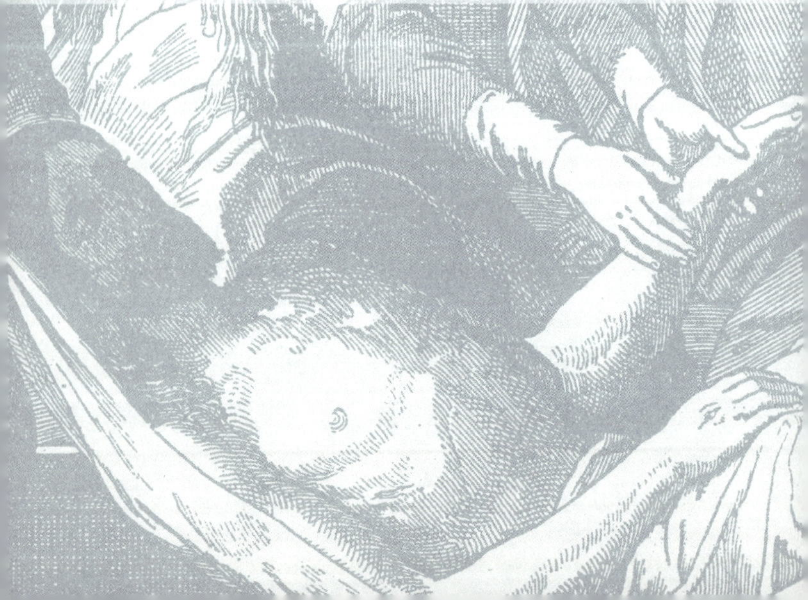

Sich ungeschminkt im Spiegel zu sehen, ist für manche recht unangenehm. Noch unangenehmer ist es, wenn andere einen so zu Gesicht bekommen. Das gilt auch für die ungeschminkte Wahrheit des eigenen Lebens: Es ist schwer, sich und anderen einzugestehen, daß man etwas falsch gemacht hat, und zu sagen: "Es tut mir leid, vergib mir". Doch da muß man eben durch, wenn man wirklich neu anfangen will. Den Kindern hat man früher den unangenehmen Gang zur Beichte etwas erleichtert, indem man ihnen nach vollbrachter Tat eine Süßigkeit in Aussicht stellte. Aber auch Erwachsene belohnen sich ja gern selbst, wenn sie eine schwierige Sache endlich hinter sich gebracht haben.

Beichtwaffeln

Zutaten (für 12 Waffeln): *125 g Butter, 50 g Zucker, 1 Päckchen Vanillezucker, 3 Eier, 1/2 Fläschchen Rum-Aroma, 125 g Mehl, 125 g Gustin, 2 Teelöffel Backpulver, ca. 1/2 l Buttermilch*

Zubereitung: Butter und Zucker schaumig schlagen, die übrigen Zutaten mit dem Eigelb dazurühren und den aus dem Eiweiß geschlagenen Eischnee unterheben. Mit dem sehr heißen, gut gefetteten Waffeleisen knusprige Waffeln ausbacken. Die Waffeln möglichst frisch und mit Puderzucker bestreut servieren. Man kann sie auch mit Obst oder Marmelade füllen.

Schwester Maria Mercedes Hügel (Mainz), Köchin bei den Maria-Ward-Schwestern

Osternacht

Es ist Nacht, die Kirche ist stockdunkel, die Menschen warten. Dann ein Knistern und ein flackernder Schein: Vor der Kirche wird ein großes Feuer entfacht. Eine große Kerze wird in die Kirche hineingetragen und gibt ihr Licht weiter an viele kleine Kerzen in den Händen der Menschen. Ein feierlicher Gesang ertönt: "Dies ist die Nacht, in der Christus die Ketten des Todes zerbrach und als Sieger aus dem Grab emporstieg." Aus der Bibel wird die frohe Botschaft vorgelesen: Jesus ist auferstanden, er lebt. Alle Lichter in der Kirche gehen an, die Glocken läuten, an der Orgel greift der Organist voll in die Tasten, Weihrauch erfüllt den Raum.

Diese Feier der Auferstehung in der Osternacht ist in der katholischen Kirche der wichtigste Gottesdienst des ganzen Jahres und besonders eindrucksvoll. Wer nur zur Christmette an Weihnachten in die Kirche geht, verpaßt etwas!

Einige Gemeinden feiern die Osternacht am späten Abend des Karsamstags, andere im Morgengrauen des Ostersonntags. Manchmal wird dabei auch ein Kind getauft. Im Mainzer Dom werden zum Abschluß des Gottesdienstes mehrere Körbe mit buntgefärbten Eiern gesegnet – Zeichen der Fruchtbarkeit des neuen Lebens – und an die Besucher verteilt. Anschließend feiern die Gläubigen weiter: abends mit Brot und Wein oder morgens mit einem deftigen Osterfrühstück.

Alter Volksbrauch ist es, in der Osternacht und am Ostermorgen Weihekörbe in die Kirche zu bringen und segnen zu lassen. In diesen Körben befinden sich die Osterspeisen: Eier, Butter, Brot, Schinken oder ein Osterlamm aus Backwerk. Mit Ostern ist die Fastenzeit beendet, und es darf wieder ordentlich zugelangt werden, am besten gleich schon beim Frühstück.

Das folgende Rezept stammt aus der Region der Donauschwaben. Nach der Auferstehungsmesse gab es dort diesen Schinken in Brotteig zusammen mit gekochten Eiern, Gurken und sauren Paprika.

Schinken in Brotteig

Zutaten: *700 g Mehl (evtl. dunkles und helles gemischt), etwas Salz, 1 Ei, 1,5 kg geräucherten Schinken oder mageren Schinkenspeck*

Zubereitung: Den Schinken in einen mit Wasser gefüllten Brat- oder Kochbehälter legen und im Ofen 2 Stunden lang bei 180° köcheln lassen, dann herausnehmen und abtrocknen. Aus dem Mehl, Salz und dem Ei mit einer kleinen Menge lauwarmen Wassers einen festen Teig arbeiten und kurz ruhen lassen (man kann auch beim Bäcker auf Bestellung 1 kg fertigen Mischbrot- oder Schwarzbrotteig erhalten). Den Teig zu einer fingerdicken rechteckigen Platte auswalken. Den trockenen, noch warmen Schinken mit der schönen Seite nach unten auf den Teig legen und diesen von beiden Seiten über dem Schinken zusammenschlagen. Das Ganze umdrehen und auf ein mit Backpapier ausgeschlagenes Blech setzen. Mit dem Messerrücken ein beliebiges Muster leicht in den Teig eindrücken (aber nicht schneiden). Einen Eßlöffel Mehl mit etwas lauwarmem Wasser vermengen und den Brotteig damit bestreichen. Bei 200° eine Stunde lang backen, bis der Brotteig eine schöne hellbraune Farbe hat.

Katholischer Frauenkreis von St. Stephan (Griesheim)

Ostersonntag

Vom Eise befreit sind Strom und Bäche
Durch des Frühlings holden,
belebenden Blick,
Im Tale grünet Hoffnungsglück;
Der alte Winter, in seiner Schwäche,
Zog sich in rauhe Berge zurück. ...
Jeder sonnt sich heute so gern,
Sie feiern die Auferstehung des Herrn,
Denn sie sind selber auferstanden.

Theaterfreunde kennen diese berühmten Verse aus Goethes "Faust" über den Osterspaziergang. Und der Dichter hat recht: Das Osterfest spiegelt sich in der Natur, die von neuem Licht und Leben erfüllt ist.

Ostern wird am Sonntag nach dem ersten Frühlingsvollmond gefeiert; darum das wechselnde Datum. Es ist vermutet worden, daß der Name Ostern hergeleitet ist von "Ostara", einer germanischen Göttin des strahlenden Morgens und des Lichtes. Andere Forscher führen das Wort Ostern auf "Ostra" zurück, ein altes deutsches Wort für die Zeit, in der die Sonne wieder genau im Osten aufgeht. Die Christen sehen jedoch in der Sonne auch ein Bild für Jesus Christus, der aus dem Dunkel der Todesnacht am Horizont ihres Lebens hell aufleuchtet.

Übrigens: Jeder Sonntag im Jahr ist für die Christen so ein "Sonnen-Tag", ein kleines Osterfest.

In vielen Religionen spielen Tieropfer eine große Rolle. Im alten Israel, in dem Viehzucht und Landwirtschaft sehr wichtig waren, hatte sich im Laufe vieler Jahrhunderte der Brauch herausgebildet, zum Frühlingsfest ein Lamm zu schlachten. Jesus wurde am Vortag dieses Pesachfestes (Pascha) getötet, und die Christen sahen in ihm auch so etwas wie ein unschuldiges Opferlamm. Dieses “Lamm” war für sie genug: In den christlichen Gottesdiensten gibt es darum keine Tieropfer und keinen Genuß von Fleisch mehr. Doch in den privaten Familienfeiern hat sich vielerorts der Brauch erhalten, daß es an Ostern ein Lammgericht gibt.

Gefüllte Lammkeule

Zutaten (für 6 Personen):

Für das gefüllte Fleisch: *eine von den Knochen gelöste Lammkeule (ca. 2,5 kg), 300 g Spinat, 2 Scheiben Toastbrot, 2 Knoblauchzehen, 300 g Frischkäse (2 Becher), je 1 Teelöffel Thymian und Rosmarin*

Zum Braten: *2 - 3 Eßlöffel Olivenöl, 2 Lorbeerblätter, 1/4 l Rotwein, 1/4 l Brühe, Salz und Pfeffer*

Zubereitung: Lammkeule von grobem Fett und Sehnen befreien. Spinat putzen und waschen, in etwas Wasser kurz dünsten, ausdrücken und dann mit gewürfeltem Toastbrot und zerdrückten Knoblauchzehen, 1 1/2 Becher Frischkäse sowie den Gewürzen vermischen. Lammkeule damit füllen und mit Küchengarn zunähen, dann in einem Bratgefäß mit erhitztem Olivenöl auf beiden Seiten anbraten, salzen und pfeffern. Restlichen Frischkäse mit etwas Bratenflüssigkeit verrühren und damit die Oberseite des Bratens bestreichen. Rotwein und Hälfte der Brühe aufgießen und mit den Lorbeerblättern aufkochen lassen. Die Lammkeule in dieser Flüssigkeit 40 Minuten bei 180 - 200° im Ofen braten, dann wenden, andere Seite mit dem Frischkäsegemisch bestreichen, restliche Brühe dazugeben und alles noch einmal 40 Minuten braten lassen. Für die Soße den Bratensaft durch ein Sieb gießen, aufkochen, durchrühren und mit Salz, Pfeffer und Rotwein abschmecken.

Elke Eppenstein (Mainz), Krankengymnastin und Vorsitzende des Pfarrgemeinderats

Weisser Sonntag

Weiß ist das Licht, bevor es sich in das Spektrum der Farben auffächert. Weiß ist die Farbe des Ursprungs und die Farbe der Vollendung, wenn alles zur leuchtenden Einfachheit zurückkehrt. Weiße Gewänder werden in der Kirche getragen, wenn etwas von dieser ursprünglichen, lichten Klarheit zum Ausdruck kommen soll.

In alten Zeiten trugen die Erwachsenen, die zu Ostern getauft worden waren, die ganze Osterwoche hindurch in der Kirche ihre weißen Taufkleider. Daher kommt der Name "Weißer Sonntag" für den ersten Sonntag nach Ostern.

Heutzutage wird an diesem Sonntag in den meisten katholischen Pfarrgemeinden die Erstkommunion junger Gemeindemitglieder gefeiert. In Begleitung ihrer Paten, Eltern und Verwandten ziehen die Kommunionkinder zur Kirche, oft in weißen Kleidern und festlichen Anzügen, manchmal auch in einheitlichen kirchlichen Gewändern. Hier dürfen sie nach einer längeren Vorbereitungszeit zum ersten Mal vor den Altar treten und die Kommunion empfangen.

"Kommunion", das bedeutet "Gemeinschaft". Mit dem ersten Empfang des Kommunion-Brotes und manchmal auch des Weins erhalten die jungen Christen Anteil an der vollen Gemeinschaft mit Jesus Christus und seiner Kirche. Darum ist der Weiße Sonntag ein besonderer Festtag in der Pfarrgemeinde und in den Familien der Kommunionkinder.

Wenn nach dem Gottesdienst in der Kirche die Feier der Erstkommunion im Familienkreis weitergeht, biegt sich dort die Festtafel. Aber nicht nur die Verwandten wollen versorgt werden: Es kommen in diesen Tagen auch viele Freunde oder die Kinder befreundeter Familien vorbei, um Glückwünsche und Geschenke zu überbringen. In Rheinhessen ist es mancherorts Brauch, sich bei den Gratulanten mit einer Vanillestange, kunstgerecht in eine weiße Papierserviette eingefaltet, zu bedanken. Auch bei anderen großen Festen (Taufen, Trauungen, Silberne und Goldene Hochzeiten, Priesterweihen) kommen diese Vanillestangen zum Einsatz.

Vanillestangen

Zutaten: *270 g Butter, 6 Eier, 300 g Zucker, 450 g Mehl, Mark einer Vanilleschote*

Zubereitung: Butter und Zucker schaumig rühren. Nach und nach 2 ganze Eier und 4 Eigelbe dazu geben. Vanillemark und Mehl unterrühren. Das restliche Eiweiß zu Eischnee schlagen und unterheben. Ein Wolfzahnblech (in gutsortierten Fachhandlungen erhältlich) mit Backpapier auslegen und 1 - 1 1/2 Eßlöffel Teig in jeden Zahn füllen. Mit 200 - 220° eine gute Viertelstunde backen.

Hildegard Dörrhöfer (Bingen-Büdesheim), Mitglied einer katholischen Frauenverbandsgruppe

Weltgebetstag um geistliche Berufe

In machen Gegenden und vielen Sprachen nennt man den Pfarrer "Pastor" (Hirte), und die Gemeindemitglieder manchmal seine "Schäfchen". Heute hören das viele nicht mehr so gerne, weil sie nicht nur "dumme Schafe" sein wollen.

Doch hinter diesem Sprachgebrauch steht ein schönes biblisches Bild. Jesus kamen die Menschen in ihrer Orientierungslosigkeit vor wie Schafe, die keinen Hirten haben. Darum sagte er: "Ich bin der gute Hirt. Der gute Hirt gibt sein Leben für die Schafe. Ich kenne die Meinen, und die Meinen kennen mich." Diese Worte werden am vierten Sonntag nach Ostern in den katholischen Kirchen vorgelesen. Darum heißt dieser Tag auch "Sonntag vom Guten Hirten".

Seit einigen Jahren ist dieser Sonntag zugleich auch der Weltgebetstag für geistliche Berufe. Jesus, der gute Hirte, hat schon zu seinen Lebzeiten Menschen berufen, die ihm nachfolgen und ihm bei seiner Aufgabe helfen sollten. Er tut es auch heute noch. Diese Menschen haben den Auftrag, Gott und ihren Mitmenschen in besonderer Weise zu dienen. Dazu gehören die Priester, aber auch die Ordensleute und Missionare, (verheiratete) Diakone und schließlich alle Männer und Frauen, die eine seelsorgliche Aufgabe in der Kirche wahrnehmen.

Manche Berufe verlangen ganzen Einsatz. Der Beruf eines Hirten, der monatelang bei Tag und Nacht seine Herde von Weide zu Weide führt, gehört dazu. Das galt auch für den "Menschenhirten" Jesus. Er war darum nicht verheiratet. Nach seinem Beispiel sind auch einige Berufe der Kirche mit dem Gebot der Ehelosigkeit (Zölibat) verbunden.

Um den Zölibat wird heute einiger Wirbel gemacht. Gewiß, es ist schwer, das freiwillige Versprechen der Ehelosigkeit ein ganzes Leben lang durchzuhalten. Doch nicht nur die Priester und Ordensleute, auch viele andere müssen heute – oft unfreiwillig – ohne Ehepartner zurechtkommen: Ledige, Geschiedene und Verwitwete. Für sie alle ist es manchmal schwer, einen geregelten Lebensstil und eine gesunde Küchenkultur zu entwickeln. Darum gibt es an dieser Stelle eine kulinarische Anregung für Singles.

Kartoffel-Gemüse-Pfanne

Zutaten (für 1 Person): *200 - 250 g Kartoffeln, 1 kleine Paprika, 100 g frische Champignons, 1 kleine Stange Lauch, 1 Eßlöffel Öl, 50 g (tiefgekühlte) Erbsen, 2 Eßlöffel saure Sahne, Salz, Pfeffer, Muskat, Piment*

Zubereitung: Kartoffeln waschen und in der Schale ca. 25 Minuten kochen, abgießen, pellen und in Scheiben schneiden. Paprika, Champignons und Lauch putzen, waschen, kleinschneiden und in heißem Öl 15 Minuten dünsten, Kartoffeln und Erbsen dazugeben und alles nochmal 10 Minuten anbraten. Salzen, würzen und saure Sahne unterrühren.

Man kann für das Rezept auch gekochte Kartoffeln vom Vortag verwenden.

Volkmar Raabe (Michelstadt), in der Ausbildung zum Beruf des Diakons

Hl. Josef

1. Mai

Passend zum internationalen Tag der Arbeit denkt die Kirche am 1. Mai an einen heiligen Arbeiter. Es ist Josef, der vor 2000 Jahren in Palästina als Handwerker das Brot für seine Familie verdient hat.

Die Bibel erzählt im Evangelium des Matthäus, wie besonnen und fürsorglich Josef reagierte, als seine Braut Maria "aus heiterem Himmel" schwanger wurde und ihr Baby, Jesus, nach seiner Geburt vom König Herodes tödlich bedroht wurde. Josef floh damals mit seiner Familie ins Ausland, nach Ägypten, und wurde darum später zum Schutzpatron der Flüchtlinge.

Josef war ein großer Träumer: Dreimal erschien ihm im Traum ein Engel und gab ihm Anweisungen zum Schutz seiner Familie, die Josef treu befolgte. Von ihm selbst ist in der Bibel jedoch kein einziges Wort überliefert. Damit ist er auch der Patron der Stillen im Lande, der Menschen, deren Stimme niemals gefragt ist und die doch so wichtig für die Welt sind, weil sie im Einklang mit Gott handeln.

Patron der Arbeiter, der Schweigenden und Hörenden, der Flüchtenden: das ist Josef, ein Heiliger für unsere Tage. Viele Jungen sind früher nach ihm benannt worden. Josef ist auch Schutzpatron der ganzen Kirche, und dieses Josefsfest wird am 19. März gefeiert.

Die Lieblingsspeise des heiligen Josef ist leider nicht bekannt. Besonders üppig wird die Tafel der kleinen Handwerkerfamilie gewiß nicht gedeckt gewesen sein. Auf ihren kargen Wegen mußten sie sich vielleicht oft von dem ernähren, was so am Wegesrand an Eßbarem wuchs.

Darum sei hier ein Gericht empfohlen, das seine Würze von den einfachen Pflanzen am Wege hat. Es ist zugleich nahrhaft genug, daß auch ein hungriger Arbeiter davon satt wird.

Bärlauch-Brennessel-Gratin

Zutaten (für 4 Personen): *150 g Bärlauchblätter, 200 g junge Brennesselblätter, 1 Pfund Kartoffeln, 30 g Butter oder Margarine, 1 Zwiebel, 250 ml Sahne, 1 Ei, 3 Eßlöffel geriebener Käse, Salz und Pfeffer*

Zubereitung: Brennesseln mit Handschuhen pflücken und einige Stunden liegen lassen. Bärlauch und Brennnesseln putzen, waschen, in siedendem Wasser kurz blanchieren und kleinschneiden. Butter in einer Pfanne zergehen lassen, die feingehackten Zwiebeln darin 10 Minuten dünsten, aber nicht rösten. Die gekochten und in Scheiben geschnittenen Kartoffeln hinzugeben, dann auch die Bärlauch- und Brennesselblätter und etwas dünsten. Das Ganze mit Salz und Pfeffer würzen und vom Feuer nehmen. Sahne und Ei miteinander verrühren und mit etwas Salz würzen. Eine Gratinform ausbuttern. Gemüsegemisch und Sahnesoße schichtweise in die Form geben und den Käse darüberstreuen. Im vorgeheizten Ofen bei 200° etwa 15 Minuten backen. Mit grüner Soße oder grünem Blattsalat servieren.

Beatrix Mattonet (Gießen), Biologin und engagiert in der Firmlingsbegleitung

Christi Himmelfahrt

Groß und weit ist der Himmel über uns. Kein Raumschiff, kein Fernrohr kann ihn ganz ermessen. Noch unergründlicher als der Himmel der Sonnen und Sterne ist der Himmel Gottes: Er ist überall und nirgends zugleich. Raumschiffe und Teleskope sind völlig ungeeignet, um ihn zu erforschen.

Der Himmel Gottes ist zum Greifen nah. Jesus Christus ist es, der ihn für die Menschen geöffnet und bewohnbar gemacht hat. Nachdem er den Tod besiegt hatte, sind Raum und Zeit für ihn keine Grenzen mehr. "Mir ist alle Macht gegeben im Himmel und auf der Erde. Ich bin bei auch alle Tage bis ans Ende der Welt", hat Jesus gesagt, als er seinen endgültigen Platz bei Gott eingenommen hatte.

Über diese himmlischen Aussichten freut sich die Kirche am Hochfest Christi Himmelfahrt. Es wird vierzig Tage nach Ostern gefeiert und ist doch noch ein Teil des Festes der Auferstehung.

Ein möglichst blauer Frühlingshimmel über den Köpfen sei allen Vätern (und Familien) gewünscht, die sich am Himmelfahrtstag einen Ausflug gönnen. Dieser Brauch hat freilich wenig damit zu tun, daß Jesus an diesem Tag zu seinem Vater im Himmel zurückgekehrt ist. Der "Vatertag" hat sich erst in den 30er Jahren unseres Jahrhunderts eingebürgert. Es ist doch ungerecht, daß nur die Mütter einen eigenen Tag haben, dachten sich die Amerikaner und forderten mit dem neuen Gedenktag "equal rights to fathers": "Gleiche Rechte für die Väter"!

Himmlische Ruhe kehrt an diesem Tag auch bald in der Küche ein, wenn die Ausflugsgesellschaft mit einem unkomplizierten Picknicksalat im Gepäck losgezogen ist.

Sieben-Tassen-Salat

Zutaten (für 4 Personen): *1 Tasse Fleischwurst, 1 Tasse Pellkartoffeln, 1 Tasse Zwiebeln, 1 Tasse Käse nach Wahl, 1 Tasse saure Gurken, 1 Tasse Äpfel, 1 Tasse hartgekochte Eier, 1 Glas leichte Salatmayonnaise (oder ein anderes Salatdressing), frische Kräuter*

Zubereitung: Alle Zutaten klein würfeln, mit der Mayonnaise verrühren und durchziehen lassen. Am Ende mit den Kräutern abschmecken. Dazu empfiehlt sich frisches Weißbrot.

Beate Seelig (Worms), Krankenschwester und stellv. Vorsitzende des Pfarrgemeinderats

Pfingsten

“Sie sind vom süßen Wein betrunken”, spotteten die Leute, als die Jünger Jesu am ersten Pfingsttag plötzlich aus dem Haus liefen und in fremden Sprachen zu reden anfingen. Ja, wen der Geist Gottes entflammt hat, der gibt oft eine etwas seltsame Figur ab.

Doch was wäre aus der jungen Kirche ohne diesen stürmischen Geist geworden? Wohl eine ängstliche Gruppe, die nur der Vergangenheit nachtrauert. In der Kraft des heiligen Geistes fand das Trüppchen jedoch den Mut, es mit der ganzen Welt aufzunehmen und ihr die frohe Botschaft von Jesus zu verkünden.

Pfingsten – das war und ist der Geburtstag der Kirche. Der Geist Gottes und Jesu Christi ist ihr Lebensatem und ihre Lebenskraft. Sie muß alles tun, daß diese Kraft weiter wirken kann, sei es verborgen, sei es weithin sichtbar.

“O ewiges Feuer, o Ursprung der Liebe, entzünde die Herzen und weihe sie ein”, heißt es in einer Pfingstkantate von Johann Sebastian Bach. Jeder Christ muß vom Geist Gottes stark (“firm”) gemacht werden, um dem Leben gewachsen zu sein. Das geschieht in der katholischen Kirche nicht zuletzt durch die Firmung und in der evangelischen Kirche ähnlich durch die Konfirmation junger Gemeindemitglieder.

Der Geist weht bekanntlich, wo er will. Wie soll man ihn also in einem Kochrezept einfangen? Wer die kühle Variante seines Wehens schätzt, kann es ja einmal mit Windbeuteln versuchen. Leider wurde dazu kein Rezept eingesandt. Doch für die Flammenversion können wir etwas bieten: einen Kuchen, der ursprünglich vor offenen Ofenflammen gebacken wurde und daher seinen Namen bekam. Das Rezept begeisterte auch schon Firmlinge bei ihren Vorbereitungstreffen, eignet sich aber auch zur Verköstigung von Partyrunden.

Flammkuchen

Zutaten (für 4–5 Personen):
Für den Teig: *200 ml Wasser, 400 g Weizenvollkornmehl oder Dinkelvollkornmehl, 6 Eßlöffel Öl, 2 Eier, 1 Prise Salz*
Für den Belag: *200 ml Crème fraîche oder Schmand, 300 g Schinkenwürfel, 2–3 große Zwiebeln (oder entsprechend viel frischer Fenchel), Pfeffer und Kräuter nach Belieben*
Zubereitung: Alle Teigzutaten in eine Schüssel geben und zu einem geschmeidigen Teig verkneten. Teig etwas ruhen lassen, dann zu dünnen Fladen ausrollen und mit Crème fraîche oder Schmand bestreichen. Schinken und Zwiebeln (oder den Fenchel) würfeln und gleichmäßig auf den Fladen verteilen, mit Pfeffer und Kräutern bestreuen. Bei ca. 220° 15 Minuten lang backen. Frischer Salat und eventuell Kräutersahne ergänzen das Gericht hervorragend. Als Getränk für Erwachsene empfiehlt sich Rotwein.

Benno Rehn (Flonheim), Referent für Behindertenhilfe, Sozialpsychiatrie und Suchtkrankenhilfe im Diözesan-Caritasverband

Fronleichnam

An Fronleichnam, dem Donnerstag nach dem Dreifaltigkeitssonntag, müssen die meisten nicht arbeiten und nutzen den Tag gern zu einem Ausflug. Dabei begegnen sie in den Städten und Dörfern oft dem "Ausflug", den die Katholiken an diesem Tag aus ihrer Kirche unternehmen. Sie begleiten in einer feierlichen Prozession ein kleines Stück Brot und singen dazu: "Hoch sollst du das Brot erheben, welches lebt und gibt das Leben."

Jesus hat gesagt: "Ich bin das lebendige Brot, das vom Himmel herabgekommen ist. Wer von diesem Brot ißt, wird in Ewigkeit leben." Das will auch der seltsame Name Fronleichnam sagen: "Fron" ist ein altes deutsches Wort für "Herr", und "Leichnam" bedeutete früher "lebendiger Leib". Die Verehrung gilt dem lebendigen Leib des Herrn, der sein Leben in Brot und Wein mit den Menschen teilt.

Von außen sieht man das dem kleinen Stück Brot auf dem Altar und bei der Fronleichnamsprozession nicht an. Doch Gott liebt das Verborgene und Bescheidene: "In den kleinsten Dingen ist er am größten", hat Franz von Assisi einmal gesagt.

Brot

Brot ist bei uns und in vielen anderen Ländern seit Jahrtausenden ein Hauptnahrungsmittel. Wenn das Brot knapp wird, ist das Leben in Gefahr. Jesus hatte ein Gespür für diese Grundbedürfnisse der Menschen. "Unser tägliches Brot gib uns heute", heißt es im Vaterunser-Gebet, das von Jesus selbst stammt. Als ihm einmal mehrere hundert Menschen ohne große Vorräte in eine abgelegene Gegend gefolgt waren, um ihn reden zu hören, wurde das Brot knapp. Doch Jesus wollte die Leute nicht hungrig wegschicken. Er brach die wenigen Brote, die bei den Leuten noch aufzutreiben waren, in Stücke und ließ sie verteilen. Alle wurden davon satt. Dieses Wunder ist ein Bild für das ganze Leben Jesu: Auch er hat sich geradezu für die Menschen zerrissen, damit möglichst alle den Weg zu Gott finden.

Die älteste Form des Brotes sind die auf heißen Steinen gebackenen, ungesäuerten Fladen. In der Gestalt der Mazzen haben sie sich bei der jüdischen Pesach-Feier (Pascha) bis heute erhalten. Auch die Hostien (Hostie = Opfergabe), die in den westlichen Kirchen im Gottesdienst verwendet werden, gehen darauf zurück. Im Laufe der Zeit entwickelten sich für die Herstellung dieses Opferbrotes besondere Vorschriften: Möglichst fein, weiß und rund sollte dieses besondere Brot sein, das zum "Leib des Herrn" wird. Diese Brotoblaten wurden dann vor allem in den Klöstern gebacken.

Im Bistum Mainz werden die Hostien für die Gottesdienste seit 1873 im Kloster der Ewigen Anbetung in der Mainzer Innenstadt hergestellt. Aus ungesäuertem Brotteig, also nur aus Weizenmehl und Wasser, werden sie in verschiedenen Größen gebacken. Die Ordensschwestern sagen von sich selbst: "Wie Jesus die Jünger bei der wunderbaren Brotvermehrung mit der Austeilung des Brotes beauftragte, so dürfen wir die einzelnen Gemeinden mit dem Brot für das heilige Opfer versorgen."

Herz Jesu Fest

Welches Wort kommt in Liebesgedichten und Schlagern so oft vor wie das Wort "Herz"? Verliebte und Liebende malen Herzen und schreiben den Namen des Menschen hinein, dem diese Liebe gilt. Wirkliche Liebe kommt von Herzen und geht zu Herzen. Sie betrifft die innerste Mitte des Menschen. "Herz", das meint den Menschen selbst. Wer herzlos ist, dem mangelt es an Liebe, Mitleid und Gefühl. Wer aber herzlich ist und ein Herz für andere hat, öffnet und verschenkt sich.

Gott ist auch nicht herzlos. Sein Herz schlägt mitten in einer Welt, in der es oft wenig herzlich zugeht. In einem Lied heißt es: "Alles Leben ist dunkel. Keiner weiß, wo er endet. Jeder sehnt sich nach Glück. Gott hat ein Herz für die Menschen. Jesus ist einer von uns."

In manchen katholischen Kirchen stehen Jesus-Figuren mit offener Brust, in der das Herz zu sehen ist. Wir empfinden sie heute als ziemlich kitschig. Doch sind das nicht auch viele Liebeslieder

und Liebesfilme? Was die Herz-Jesu-Figuren ausdrücken wollen, ist einfach und schön: Jesus hat ein großes Herz für alle Menschen. Und auch dieses Herz reimt sich auf Schmerz, denn er ist für diese große Liebe bis in den Tod gegangen.

Das Herz-Jesu-Fest wurde im 17. Jahrhundert zuerst in Frankreich und später für die ganze katholische Kirche eingeführt. Bei uns wird es am dritten Freitag nach Pfingsten gefeiert; ein Freitag wurde ausgesucht, weil Jesus an einem Freitag gestorben ist.

In Mainz (St. Peter) hat sich bis heute der Brauch erhalten, am Herz-Jesu-Fest süße Kuchen zu backen. Sie wurden früher vor allem an die Kinder ausgeteilt, die an diesem Tag bei einer Prozession mitgingen. Man muß nicht unbedingt den Kopf bemühen, um etwas von Liebe und Barm"herzig"keit zu verstehen; manchmal genügt schon der Gaumen. Wer die Kuchen jedoch kaufen wollte, mußte dafür einen "Batzen" (etwa 12 Pfennige) bezahlen.

Batzekuchen

Zutaten (für 12 Stück): *500 g Mehl, 1 Päckchen Hefe, 330 ml Milch, 3 gehäufte Eßlöffel Zucker, 170 g Rosinen, 1 Ei, 2 Eigelbe, 1 Prise Salz*

Zubereitung: Für den Hefevorteig die lauwarme Milch, die Hefe, je 1 gehäuften Eßlöffel Mehl und Zucker sowie die Prise Salz verrühren und an einem warmen Ort eine halbe Stunde gehen lassen. Dann die restlichen Zutaten unterrühren. Nun aus dem Teig Kugeln von je ungefähr 100 g formen, etwas flachdrücken, auf ein mit Backpapier belegtes Blech setzen und gehen lassen. Jedes Teigteil mit dem Messer viermal kreuz und quer einschneiden. Bei 175° backen.

Karin Gunst (Mainz), Hausfrau

Urlaub

Nicht nur Zeiten des guten Essens und des Fastens wechseln einander ab, auch Zeiten der Arbeit und der Erholung. Schon seit Jahrtausenden galt und gilt in Judentum und Christentum die Wochenregel: sechs Tage Arbeit, einen Tag für Gott und die eigene Erholung, der Sabbat bzw. der Sonntag. Im alten Israel gab es aber auch solch einen Jahresrhythmus: sechs Jahre intensive Land- und Viehwirtschaft und dann ein "Sabbatjahr", in dem die Felder brachliegen und Mensch, Vieh und Natur sich erholen.

Manche Berufstätige sind auch heute in der glücklichen Lage, sich gelegentlich ein solches Sabbatjahr zu gönnen, um einige Monate lang mal etwas ganz anderes zu machen. Die meisten müssen sich jedoch mit der kleinen Sabbatzeit des Urlaubs zufriedengeben. Sie ist für viele die schönste Zeit im Jahr: Man kann tun und lassen, was man will, einfach zur Ruhe kommen oder in einer Reise andere Gegenden und Länder erkunden. Neue Eindrücke weiten den Horizont, neue Kontakte bereichern den alten Bekanntenkreis, und auch der Gaumen bekommt Ungewohntes zu schmecken.

Doch für solche fremdländischen Kostproben muß man gar nicht mehr unbedingt verreisen. Wer zuhause bleiben will oder muß, kann auch im Restaurant um die Ecke oder in der eigenen Küche das reiche kulinarische Angebot anderer Länder genießen.

"Was der Bauer nicht kennt, ißt er nicht", lautet ein bekanntes Sprichwort. Die Begegnung mit Fremdem weckt oft zunächst Mißtrauen oder gar Angst. Doch wenn man das Fremde dann kennenlernt, ist es sehr interessant und eine echte Bereicherung für das eigene Leben.

Im Bistum Mainz gibt es viele katholische Gemeinden mit Christen ausländischer Herkunft, die solch eine Bereicherung sind: Italiener, Spanier, Portugiesen, Polen, Koreaner und Kroaten. Priester und Ordensleute aus diesen und anderen Ländern sind in der Seelsorge eine große Hilfe. Die Hauswirtschaft des Mainzer Priesterseminars, in dem die Nachwuchspriester wohnen und ausgebildet werden, ist seit vielen Jahren bei Ordensschwestern aus Bosnien in guten Händen. Sie versorgen auch den Haushalt im Bischofshaus. Da kommen für den Bischof, der aus dem Schwabenland stammt, oft fremde Gerichte auf den Tisch. Besonders gut schmecken ihm Cevapcici.

Cevapcici

Zutaten (für 4 Personen):
800 g gemischtes Hackfleisch, 1 kleine gehackte Zwiebel, 1 kleine geriebene Knoblauchzehe, 2 Eßlöffel Öl, 2 - 3 Eßlöffel Wasser, Salz und Pfeffer, Hackfleischgewürz, 1 Messerspitze Natron

Zubereitung: Alle Zutaten gründlich verkneten, gut würzen und ca. 1 Stunde im Kühlschrank stehen lassen. Dann in ca. 5 - 7 cm lange und 2,5 cm dicke Würstchen formen. Im Grill oder in einer Pfanne auf Kochplatte in ein wenig Fett schwenken und garen. Mit Kartoffeln und einem frischen Salat servieren.

Schwester Ruza Kasolo (Mainz), Haushälterin im Bischofshaus

Hl. Joachim und hl. Anna

26. Juli

Man muß nicht Mönch oder Nonne, Priester, Bischof oder gar Papst sein, um heilig zu werden. Auch Ehepaare werden in der Kirche als Heilige verehrt, zum Beispiel Joachim und Anna. In der Bibel sind Joachim und Anna zwar nicht erwähnt. Aber eine andere sehr alte Schrift berichtet von ihrem Leben.

Anna ("die Anmutige") und Joachim ("der von Gott Aufgerichtete") haben sich in ihrer Ehe die Treue gehalten, in guten und in bösen Tagen. Zwanzig Jahre lang warteten sie vergeblich auf Nachwuchs. Gott hat ihre Gebete dann doch noch erhört: Anna brachte ein Mädchen zur Welt und gab ihm den Namen Maria. Und Maria sollte dann später die Mutter Jesu werden.

In der Kunst werden Anna und Joachim oft vor dem Goldenen Tor Jerusalems dargestellt, wo sie sich nach einer Zeit der Trennung begegnen, umarmen und küssen: ein schönes Bild für die eheliche Liebe, in der zwei Menschen auch in schwierigen Zeiten immer wieder zueinander finden.

In der Bibel steht ein berühmtes Liebeslied – das "Hohe Lied der Liebe" –, das sich auch heute noch die Brautleute bei ihrer Trauung in der Kirche gerne mit auf den Weg geben:

Leg mich wie ein Siegel auf dein Herz,
wie ein Siegel an deinen Arm!
Stark wie der Tod ist die Liebe,
die Leidenschaft ist hart wie die Unterwelt.
Ihre Gluten sind Feuergluten, gewaltige Flammen.
Auch mächtige Wasser können die Liebe nicht löschen;
auch Ströme schwemmen sie nicht hinweg.

Eine Hochzeit ist nicht nur eine "hohe Zeit" im Leben des Brautpaars und seiner Familien, es ist auch eine Zeit des Hochbetriebs in der Küche. Bei uns muß heute allerdings meistens die Küche eines Restaurants mit dem Appetit der Festgesellschaft fertig werden. Aus der Küche einer ländlichen Gastwirtschaft stammt auch das folgende traditionelle Hochzeitsrezept.

Ländliches Hochzeitsgericht

Zutaten (für 6 Personen):

Für das Fleisch:
1 kg Rindfleisch, 1 Stange Porree, 2 Teelöffel Salz

Für die Reisbeilage:
250 g Reis, 1 Messerspitze Safran

Für die Weckbeilage:
6 Weck (Brötchen), 50 g Butter, Zimt

Zubereitung: Das Rindfleisch mit gut 3 l Wasser und dem Salz zum Kochen bringen und abschäumen. Den Porree dazugeben und 1,5 bis 2 Stunden lang kochen, Fleisch herausnehmen. Reis mit 1,5 l der Fleischbrühe garen. Den Safran in etwas Brühe auflösen und mit dem gekochten Reis gut verrühren.

Die Brötchen in Scheiben schneiden und mit restlicher (und wenn nötig noch zusätzlicher) Fleischbrühe übergießen, bis alle Flüssigkeit aufgenommen ist. Mit der gebräunten Butter übergießen, mit Zimt bestreuen und zusammen mit dem warmgehaltenen Rindfleisch und dem Reis servieren.

Ellen Diehl (Dieburg), Hauswirtschaftsleiterin im Bischof-Ketteler-Haus

Mariä Himmelfahrt

15. August

"Wir kommen alle, alle, alle in den Himmel, weil wir so brav sind", singen gesellige Runden gern in feuchtfröhlichem Optimismus. Das ist natürlich nicht so ernst gemeint, zumal die meisten, die das singen, vielleicht auch nicht immer besonders "brav" sind.

Ernst ist es freilich der Kirche mit dem Glauben, daß Jesus nicht nur zum Privatvergnügen den Tod überwunden und den Weg zu einem neuen Leben gefunden hat: Viele dürfen ihm auf diesem Weg folgen und sind es auch schon. Die erste aber, die Jesus in den Himmel mitgenommen hat, war bestimmt seine Mutter Maria, glauben die Christen seit langer Zeit. Maria hatte ihn ja in ihrem Schoß getragen, geboren, aufgezogen und immer zu ihm gehalten – wie sollte ihr Sohn sie dann im Todesdunkel zurücklassen können?

Auf den ältesten Gemälden von der Todesstunde Marias ist Jesus zu sehen, wie er seine Mutter in die Arme nimmt und zum Himmel emporträgt. Wenn die katholischen Christen am 15. August den Todestag Marias als Hochfest feiern, dann nicht nur, um diese außergewöhnliche Frau zu verehren. Mit ihrer Auferstehung und "Himmelfahrt" verbindet sich für alle die Hoffnung, einmal so zart nach dem Tod in ein neues Leben aufgenommen zu werden, und zwar "mit Leib und Seele".

Mit dem Fest der Aufnahme Marias in den Himmel ist seit dem Mittelalter der Brauch verbunden, Wiesenkräuter zu sammeln und weihen zu lassen. Viele Kräuter haben ja eine heilkräftige Wirkung, und für diese Wirkung erbaten die Leute den Segen des Himmels.

Diese Kräutersträuße sind allerdings nicht direkt für den Kochtopf zu verwenden. Doch man kann sich an diesem Tag (oder an einem anderen Marienfeiertag) kulinarisch mit einem Gebäck behelfen, das den Namen Marias trägt und in alten Kochbüchern überliefert ist.

Marienküchlein

Zutaten: *375 g Butter, 7 Eier, ca. 600 g Mehl, 60 g Zucker, 1/4 l Milch, Salz, abgeriebene Zitronenschale, 35 g Hefe, 2 Eigelb*

Zubereitung: Hefevorteig separat anrühren und gehen lassen (siehe Fastnacht). Butter schaumig rühren, nach und nach 7 Eier mit je 1 Eßlöffel Mehl dazugeben, dann die Milch, noch einmal 375 g Mehl, eine Prise Salz, den Zucker und die abgeriebene Zitronenschale in den Teig rühren, bis er sich vom Löffel loslöst, und mit dem Hefevorteig vermischen. Teig dann fingerdick ausrollen, mit einem Glas kleine Küchlein ausstechen, mit Abständen auf ein mit Backpapier ausgelegtes Kuchenblech setzen und gehen lassen. Dann die Küchlein mit dem Eigelb bestreichen, mit Zucker bestreuen und bei 170° ca. 12 - 15 Minuten goldgelb backen.

Irmgard Heiter, Waltraud Roth, beide tätig im Schuldezernat des Bischöflichen Ordinariats Mainz

Hl. Hildegard

17. September

Auch im Mittelalter gab es schon starke Frauen. Eine von ihnen wurde im Jahre 1098 in Bermersheim bei Alzey geboren: die heilige Hildegard, die "deutsche Prophetin". Erzogen wurde sie in einem Benediktinerkloster an der Nahe. Doch dann machte sie sich selbständig und gründete als Äbtissin selber zwei Klöster. Das eine in Eibingen im Rheingau gibt es heute noch.

Die heilige Hildegard war ein Multitalent: Sie konnte organisieren, dichten, singen und komponieren, kannte sich in der damaligen Medizin aus und wurde in vielen Dingen um Rat gefragt, auch von den Mächtigen. Sogar den Päpsten schrieb sie kritische Briefe.

Hildegard liebte die Menschen, die Tiere, die Pflanzen und selbst die Steine. Sie hatte eine besondere Gabe, tief in das Geheimnis der Schöpfung hineinzuschauen. Sie erkannte die große Bedeutung des Menschen, aber auch seine Verantwortung für die Harmonie der Natur. Ihre Visionen ließ sie in Bildern aufmalen, die noch heute faszinieren, ebenso wie ihre Schriften, Dichtungen und Musikstücke.

Hildegard wurde mehr als achtzig Jahre alt. Schon bald nach ihrem Tod wurde sie vom Volk als Heilige verehrt. Heute liegen ihre Gebeine in der Pfarrkirche von Eibingen.

Von der heiligen Hildegard ist es nicht weit zu den Kochrezepten. Sie selbst hat viele gute Küchenratschläge gegeben, denn sie wußte: Ausgewogenes und maßvolles Essen hält die Kräfte von Leib und Seele im Gleichgewicht.

Dinkelsalat pikant

Zutaten (für 6 Personen): *150 g Dinkelkörner, 1/2 Stange Lauch, 4 Tomaten, 1 kleine Zwiebel, 1 Koblauchzehe, Essig, Öl, Salz, Pfeffer, 1 Prise Zucker*
Zubereitung: Den Dinkel in 3/8 l Wasser 3 Minuten kochen, 1 Stunde ohne Hitzezufuhr quellen und dann kalt werden lassen. Den Lauch in feine Ringe schneiden, die Tomaten würfeln, Zwiebel und Knoblauch fein hacken. Alles mit dem Dinkel und den übrigen Zutaten mischen.

Dazu paßt ein Glas Wein vom Weingut der Eibinger Ordensschwestern.

Karin Gunst (Mainz), Hausfrau

Nervenkekse

Zutaten (in Klostermenge für ca. 400 Plätzchen!): *1,5 kg Dinkelmehl, 750 g Butter, 450 g Zucker, 6 Eier, 45 g Muskatnußpulver, 45 g Zimtpulver, 10 g Gewürznelkenpulver, 1 Prise Salz*
Zubereitung: Alle Zutaten zu einem Knetteig verarbeiten und im Kühlschrank ruhen lassen. Teig zu Rollen formen und davon Plätzchen in runden Scheiben abschneiden. Bei 180° ca. 20 Minuten backen.

Barbara Heider (Mainz), Pfarrsekretärin

Kommentar der heiligen Hildegard zu diesen Keksen:

Iss diese oft,
und alle Bitterkeit deines Herzens
und deiner Gedanken weitet sich,
dein Denken wird froh,
deine Sinne werden rein,
es gibt guten Saft deinem Blut
und macht dich stark.

Erzengel und Schutzengel

29. September und 2. Oktober

Es gibt mehr zwischen Himmel und Erde, als man sehen und messen kann, hört man oft. Manche meinen damit unerklärbare Kräfte der Seele, andere denken an UFOs und Außerirdische. Die Christen glauben auch, daß Gott nicht nur die sichtbare Welt erschaffen hat, sondern auch eine unsichtbare. Die Engel gehören dazu.

Doch was sind Engel eigentlich? Engel, Angelus, das heißt ganz einfach Bote. Engel sind Kräfte des Himmels, mit denen Gott Kontakt zur Welt aufnimmt: helfend, heilend, mahnend, kämpfend und schützend. In der Bibel begegnet man ihnen auf verschiedene Weise vom Anfang bis zum Ende.

Einige dieser Engel haben Namen: Rafael, der schützende Reisebegleiter, Gabriel, der zu Maria gesendete Bote, Michael, der Kämpfer gegen die Kräfte des Bösen und seit langem der Patron Deutschlands (daher der Spitzname "Michel" für den Deutschen!). Das Fest dieser Erzengel wird am 29. September gefeiert.

Am 2. Oktober ist das Fest der Schutzengel. Wer braucht in einer Welt voller Unsicherheit und Gefahren nicht eine schützende Hand über seinem Leben? Auch die Natur hat neuerdings in Gestalt des "blauen Engels", der auf umweltfreundlichen Produkten abgebildet ist, einen modernen Schutzengel erhalten.

Engel machen um sich keinen Rummel. Sie sind zufrieden, wenn ihre guten Impulse ganz anonym bei den Menschen ankommen und aufgenommen werden. So können dann auch Menschen füreinander zu wahren Engeln werden.

Dem Hungernden hat er das Brot gebracht,
der Engel.
Dem Kranken hat er das Bett gemacht,
und er hört, wenn du ihn rufst, in der Nacht,
der Engel.

Rudolf Otto Wiemer

Engel werden meistens in schöner Menschengestalt mit Flügeln dargestellt. Doch eigentlich haben sie kein bestimmtes Aussehen. Die Gelehrten der Kirche sagen, daß Engel leiblose Geistwesen sind. Das heißt logischerweise dann auch, daß Engel nichts essen müssen.

Dennoch werden die Engel in der Bibel oft mit menschlicher Nahrung in Verbindung gebracht: "Vergeßt die Gastfreundschaft nicht, denn durch sie haben einige, ohne es zu ahnen, Engel beherbergt." Aber auch die Engel selbst können hilfsbereite Gastgeber sein: Oft sind sie mit Speis und Trank zur Stelle, wenn ein Mensch entkräftet und mutlos auf der Strecke zu bleiben droht.

Darum gibt es eine ganze Reihe von Gerichten, die den Namen der Engel tragen. Hier wird eine neuere Variante vorgestellt, die geeignet ist für eine gastfreundliche Runde am Herbstabend.

Engel zu Pferd

Zutaten: *16 große Dörrpflaumen ohne Kern, 1/4 l Wasser, ca. 2 Eßlöffel Mango-Chutney, 16 dünne Scheiben durchwachsener geräucherter Speck, frischgemahlener schwarzer Pfeffer*

Zubereitung: Dörrpflaumen einige Minuten im Wasser kochen und darin abkühlen lassen. Dann herausnehmen, das Chutney an die Stelle der Kerne hineingeben, die Pflaumen darüber zusammendrücken, in die Speckscheiben einwickeln, auf einen oder mehrere Spieße stecken und kräftig mit Pfeffer würzen. Unter dem Grill auf beiden Seiten knusprig werden lassen, von den Spießen ziehen, hölzerne Zahnstocher in die umwickelten Pflaumen stecken und heiß oder kalt servieren. Dazu paßt ein leichter Rotwein.

Irmgard Heiter (Mainz), tätig im Schuldezernat des Bischöflichen Ordinariats

Erntedank

Dir gebührt Lobgesang, Gott.
Du sorgst für das Land und tränkst es:
du überschüttest es mit deinem Reichtum.
Du krönst das Jahr mit deiner Güte,
deinen Spuren folgt Überfluss.
Die Weiden schmücken sich mit Herden,
die Täler hüllen sich in Korn.
Sie jauchzen und singen.

Meistens füllen wir die Einkaufswagen und -taschen ziemlich gedankenlos mit den Angeboten aus Regalen und Marktständen. Doch gelegentlich kann man sich schon einmal Gedanken darüber machen, was alles an Fruchtbarkeit der Natur und menschlicher Arbeitskraft nötig ist, damit unser Kühlschrank nicht leer wird. Von diesen Gedanken ist es dann – wie es das Wort schon sagt – eigentlich nicht mehr weit zum Danken.

Das Erntedankfest im Herbst ist dazu eine gute Gelegenheit. Es wird heute meist am ersten Sonntag im Oktober oder nach Abschluß der Weinlese gefeiert. Zu den Erntedankfeiern gehören Prozessionen und der feierliche Einzug in die Kirche, geschmückte Altäre mit Garben und Ähren, Blumen und Früchtekörben. Diese Körbe werden dann gesegnet, und für die eingebrachte Ernte wird Gott Dank gesagt.

In jüngster Zeit ist der Erntedankbrauch neu belebt und aktualisiert worden, zum Beispiel durch Nahrungsmittel- oder Spendensammlungen für Notleidende in unserer Umgebung oder Hungernde in den armen Ländern der Welt.

In der Erntezeit fruchtbarer Jahre herrscht kein Mangel an frischen Naturprodukten. Darum gibt es zum Erntedankfest viele Rezepte für Gemeindefeste wie für den Familientisch: Zwetschgenmus, Zwiebelkuchen und andere Gemüsegerichte zum Beispiel. In den Weinbaugebieten laden die Straußwirtschaften der Winzer zur Einkehr mit Federweißem und vielleicht einem herzhaften Winzerkuchen.

Winzerkuchen

Zutaten (für 4 - 6 Personen):
Für den Teig: *300 g Mehl, 300 g Magerquark, 300 g Margarine oder Butter, 1 Prise Salz*
Für die Füllung: *500 g Pellkartoffeln, 250 g Dörrfleisch in Scheiben, 4 (bzw. 5) Eier, 4 Zwiebeln, 1/2 Stange Lauch, 4 Eßlöffel Crème fraîche, Salz, Pfeffer, Muskat, 1 Teelöffel frisch gerebelter Majoran*
Zubereitung: Aus den Teigzutaten einen formbaren Teig kneten und eingepackt 40 Minuten kalt legen. Dann in eine gut gefettete Springform drücken und sie damit auskleiden. Die gepellten und erkalteten Kartoffeln durch die Kartoffelpresse drücken. Das Dörrfleisch, den Lauch und die Zwiebeln kleinwürfeln, mit etwas Butter in der Pfanne 3 Minuten unter Rühren anbraten und zu den Kartoffeln schütten. Die übrigen Zutaten für die Füllung dazugeben, alles durchmischen, in die Teigform geben und glattstreichen. Auf Wunsch mit verquirltem Ei bepinseln. Im Ofen bei 200° ca. 35 Minuten lang goldbraun backen. Der Kuchen schmeckt heiß, warm oder kalt.

Regina Rehn (Erbes-Büdesheim), tätig im Liturgie- und im Kindergottesdienstkreis

Weltmissionssonntag

“Laßt das Missionieren”, wird heute oft den Kirchen gesagt, und manche Christen sind selbst dieser Meinung. Schwer drückt die Last der Vergangenheit, in der die Missionierung fremder Länder und Kulturen manchmal mit Zwang und Zerstörung einherging.

Doch heute hat die christliche Mission ein anderes Gesicht: Überzeugende Verkündigung und gutes Beispiel, behutsames Einbeziehen fremder Kulturen, Solidarität, Hilfe zur Selbsthilfe und Eigenständigkeit sind ihre Mittel und Ziele. “Ich bin gekommen, damit sie das Leben in Fülle haben”, hat Jesus gesagt. Wer darf diese Fülle nur für sich behalten?

Am Weltmissionssonntag schauen die katholischen Gemeinden über ihren Kirchturm hinaus. “Gott ruft sein Volk zusammen, rings auf dem Erdenrund”, heißt es in einem Lied. Zu diesem Volk – mittlerweile gibt es fast eine Milliarde Katholiken – gehören genauso die Gläubigen im Petersdom in Rom wie die bescheidenen Urwaldgemeinden in Zentralafrika. Und wenn an diesem Tag auch in den Kirchen der reicheren Länder für die ärmeren gesammelt und gebetet wird, so ist Mission doch längst keine Einbahnstraße mehr: Viel Lebensfreude, viel neue Glaubenskraft fließt aus den jungen, stark wachsenden Kirchen ferner Erdteile zurück in das etwas müde gewordene Christentum Europas.

Die weltweite Verbundenheit der Christen untereinander ist keine graue Theorie. In Patenschaften, Gemeindefreundschaften und durch den Austausch von Priestern, Ordensleuten und anderen kirchlichen Mitarbeiterinnen und Mitarbeitern bestehen viele lebendige Kontakte zwischen den Kirchen in Deutschland und den Kirchen in aller Welt.

Manche Gemeinden veranstalten regelmäßige Missionsessen, deren Erlös zum Beispiel einer Partnergemeinde zugute kommt. Eines dieser Rezepte mit dem Geschmack der weiten Welt sei hier zur Nachahmung empfohlen.

Exotisches Leberragout

Zutaten (für 4 - 6 Personen): *500 g (Geflügel-)Leber, Kokosraspeln, etwas Olivenöl, 2 Zwiebeln, 2 Knoblauchzehen, 3 Eßlöffel Mango-Chutney, 2 Eßlöffel Tomatenmark, 2 Eßlöffel Tomatenketchup, Curry oder Chinagewürz, Chilipulver, Gelbwurz, Ingwer, Pfeffer, Paprika, Sojasauce, Zitronensaft, Salz, auf Wunsch etwas Sahne, 2 Bananen, 2 Scheiben Ananas*

Zubereitung: Die kleingeschnittenen Zwiebeln und Knoblauchzehen im Öl anbraten, dann auch kurz die in Stücke geschnittene Leber. Pfanne mit Wasser auffüllen, die Gewürze hinzugeben, alles etwa 10 Minuten köcheln lassen, auf Wunsch dann mit etwas Sahne binden. Zum Schluß die in Scheiben geschnittenen Bananen und Ananasstücke sowie die in Wasser eingeweichten Kokosraspeln unterheben. Nochmal pikant abschmecken. Dazu reiche man Curry-Reis.

Gerda Heinz (Hahnheim), Pfarrgemeinderatsmitglied und Küsterin

Allerheiligen

Man erzählt sich seltsame Dinge von den Heiligen: Nikolaus von der Flüe nahm jahrzehntelang keine Nahrung zu sich; Joseph von Copertino schwebte über dem Boden, wenn er intensiv betete; Petrus von Alcantara war so sehr von der Sache Gottes gefangengenommen, daß er fast ohne Schlaf auskam. Machen diese besonderen Fähigkeiten die Heiligen aus?

Gewiß nicht. Die Heiligen waren und sind Menschen wie wir. Was sie auszeichnet, ist eine besonders starke Liebe zu Gott. Aus dieser Kraft leben sie und bekämpfen die eigenen Schwächen, suchen die Nähe Gottes, erheben mutig die Stimme und setzen sich ohne Rücksicht auf eigene Verluste für ihren Glauben und für andere Menschen ein. Am Ende finden sie nicht nur Gott, sondern in ihm auch sich selbst. Sie haben ihr Lebensziel erreicht und sind dort angekommen, wohin die anderen noch unterwegs sind.

Von vielen Heiligen wissen wir, wo, wann und wie sie gelebt haben. Wir kennen ihre Namen und Gedenktage. An Allerheiligen denkt die Kirche jedoch an all die vielen unbekannten Heiligen, die nicht im Heiligenkalender stehen. In der letzten Schrift der Bibel steht, daß es eine Schar ist, die niemand zählen kann. Vielleicht sind wir im eigenen Leben selbst schon einmal einem Menschen begegnet, der dazugehört.

So viele Heilige, so wenig Rezepte! In den Gebieten des Bistums Mainz scheinen sich mit dem Allerheiligenfest kaum Kochgebräuche erhalten zu haben. Darum sei heute mit dem Allerheiligenstriezel eine Anleihe bei den österreichischen Nachbarn im Burgenland erlaubt. Die Kinder bekommen ihn als geweihtes Brot von ihren Taufpaten nach dem Gottesdienst geschenkt. Der Brauch der Allerheiligenstriezel war aber früher auch andernorts als Spende für die Armen und Waisenkinder weitverbreitet.

Allerheiligenstriezel

Zutaten (für ca. 6 Personen):

Für den Teig: *1000 g Mehl, 1/2 l Milch, 1 Würfel Hefe, 150 g Zucker, 180 g Öl, 4 Eigelb, 100 g Rosinen, Prise Salz*

Für den Bestrich: *1 Eigelb, Hagelzucker*

Zubereitung: Mit Hilfe eines Hefevorteigs einen Hefeteig aus Hefe, Milch, Zucker und Mehl erstellen und an einem warmen Ort etwa eine halbe Stunde treiben lassen (siehe Fastnacht). Restliche Zutaten hinzugeben, verkneten und alles nochmal gehen lassen. Dann auf ein mit Backpapier belegtes Blech aus dem Teig zunächst als unterste Lage einen viersträhnigen Zopf flechten, darauf einen dreisträhnigen Zopf legen und obendrauf einen zweisträhnig gedrehten Teigstrang. Das ganze mit Eigelb bestreichen und mit Hagelzucker bestreuen. Bei 200° im Ofen ca. 45 - 50 Minuten backen.

Maria Kopatsch (Mörlenbach), aktiv in Schola und Kirchenchor

Allerseelen

Die Blätter fallen, fallen wie von weit,
als welkten in den Himmeln ferne Gärten.

Eine rechte Novemberstimmung gibt der Dichter Rilke mit diesen Versen wieder: Die Natur scheint zu sterben, die Tage werden immer kürzer. “Monat mit Trauerrand”, hat jemand den November mit seinen vielen Toten- und Trauertagen einmal genannt.

Zu Beginn dieses Totenmonats ist Allerseelen ein Tag des Trostes. Alle Toten sind an diesem Tag in das Gedenken eingeschlossen, ganz gleich, wann, wo und wie sie gelebt haben und gestorben sind. In den Gottesdiensten wird für sie gebetet, auf den Friedhöfen werden die Gräber gesegnet und von den Angehörigen mit Blumen, Kränzen und brennenden Kerzen geschmückt. Diese Lichter sagen, daß mit dem Tod nicht alles aus ist, daß das Leben nicht einfach ins Dunkel fällt und verlischt, daß es für jeden eine Hoffnung gibt: Ein Trost nicht nur für die Toten, sondern auch für alle, die dem Tod noch entgegengehen.

Wir alle fallen. Diese Hand da fällt.
Und sieh dir eine andere an: es ist in allen.

Und doch ist Einer, welcher dieses Fallen
unendlich sanft in seinen Händen hält.

In früheren Zeiten war der Allerseelentag für die Lebenden ein wenig unheimlich. Sie dachten, daß die "armen Seelen" der Toten an diesem Tag zu Besuch kommen. Damit sie nicht frieren, wurde die Stube gut eingeheizt, auf den Tischen ließ man "Seelenbrote" für sie liegen oder verteilte sie zum Gedenken an die Toten unter den Hausbewohnern.

Solches Seelengebäck wurde auch zu Beerdigungen an die Trauergäste verteilt. Während es vielerorts üblich ist, zu diesem Anlaß Streuselkuchen zu backen, hat sich z.B. in Gießen und Umgebung der Brauch der Seelenbrote in Form von "Leidweck" bis heute erhalten.

Seelen *(aus einem alten Kochbuch)*

Zutaten: *gut 500 g Mehl, 1/4 l lauwarme Milch, 1/2 Würfel Hefe, 125 g Butter, 3 Eier, 60 g Zucker, etwas Salz; 2 Eigelb, etwas grober Zucker*

Zubereitung: Hefevorteig aus dem Mehl, der Milch und der Hefe anrichten und zugedeckt eine halbe Stunde gehen lassen. Die Butter schaumig rühren, nach und nach Eier, Salz und Zucker dazugeben, mit dem Hefeteig vermischen und solange schlagen, bis sich der Teig vom Löffel löst. Nachdem der Teig noch etwas gegangen ist, mit einem bemehlten Löffel kleine Mengen abheben und als kleine Küchlein in länglicher Form auf das vorbereitete Kuchenblech setzen, mit dem verrührten Eigelb bestreichen und mit dem groben Zucker bestreuen. Nachdem die Küchlein noch etwas getrieben haben, im Backofen 25 - 30 Minuten bei 200° backen.

Das Rezept für die Leidweck lautet ähnlich. Für den Bestrich wird jedoch 1 Eßlöffel Zucker in einer halben Tasse Wasser aufgelöst.

Waltraud Roth (Mainz), tätig im Schuldezernat des Bischöflichen Ordinariats

Elke Wesolowsky (Gießen), Bankkauffrau und Leiterin einer katholischen Bücherei

Hl. Hubertus
3. November

"Trara, es tönt wie Jagdgesang, wie wilder und fröhlicher Hörnerklang": Dieser Kanon wird am 3. November in den katholischen Kirchen zwar nicht gesungen, aber Jagdhörner sind in einigen Gottesdiensten durchaus zu hören. Die Schützen und Jäger feiern den heiligen Hubertus, ihren Schutzpatron.

Die Wildnis des Waldes war Hubertus, dem Bischof von Maastricht und später von Lüttich, durchaus vertraut. Er missionierte nämlich im 8. Jahrhundert im damals noch weiten und abgelegenen Waldgebiet der Ardennen. Zum Patron der Jäger wurde er jedoch wegen einer frommen Geschichte, die man sich später von ihm erzählte: Als Hubertus noch nicht Christ war, soll er bei der Jagd einem Hirsch begegnet sein, der in seinem Geweih ein leuchtendes Kreuz trug. Durch diesen Anblick sei Hubertus zum Glauben bekehrt worden.

Beerdigt ist Hubertus im gleichnamigen Kloster in den Ardennen. An seinem Gedenktag dürfen dort heute noch die Schützen und Jäger mit ihren Pferden und Hunden in die Kirche kommen.

Die Jagd ist nicht jedermanns Sache. Sie wird zu Recht kritisiert, wenn aus bloßem Safari-Ehrgeiz oder aus Habsucht in manchen Ländern massenhaft Tiere getötet wurden und noch werden.

Muß da die Kirche auch noch einen Heiligen für die Jagd im Angebot haben? Doch für die Menschen, die in einer Wildnis überleben müssen, gehört die Jagd zum Leben dazu, und sie töten nicht mehr Tiere, als sie zum Überleben brauchen. In unseren dichtbesiedelten Landstrichen ist die geregelte Jagd wiederum ein Mittel zur Pflege des Wildbestandes wie zum Schutz des Waldes. Und ein gutes Stück Wild auf dem Teller verschmähen die wenigsten – ebensowenig wie den Medaillenruhm, den die Sportschützen für das eigene Land erringen.

Hubertusbraten

Zutaten (für 4 Personen):
1 (gefrorene oder gebeizte) Reh- oder Wildschweinkeule mit Knochen (1 kg schieres Fleisch), 1 Pfund Karotten, 1 Stange Lauch, 1/4 Stück Knollensellerie, 1 Zwiebel, 3 Wachholderbeeren, 1 Lorbeerblatt, 2 Bratensaftwürfel, frisch gemahlener Pfeffer, einige Eßlöffel Johannisbeergelee, etwas süße Sahne, Gewürzsalz

Zubereitung: Das (gefrorene) Wildfleisch mit dem Pfeffer und den zerdrückten Wachholderbeeren einreiben. Das Gemüse kleinschneiden und mit dem Lorbeerblatt und den Bratensaftwürfeln in einen Bräter oder einen glasierten Tontopf geben. Darauf das Fleisch legen und zugedeckt bei 200° (bei Umluft 175°) im Backofen 3 - 3 1/2 Stunden braten. Nach der Hälfte der Bratzeit 2 - 3 Eßlöffel Johannisbeergelee über den Braten geben.

Wenn der Braten fertig ist, die Soße aus dem Bräter durch ein Sieb passieren, mit süßer Sahne und Johannisbeergelee sowie eventuell etwas Gewürzsalz abschmecken. Dazu reicht man Knödel, Rotkraut und mit Preiselbeeren gefüllte Birnenhälften.

Elisabeth Loetzner (Bensheim-Grönau), Jägerin

Hl. Martin

11. November

Der 11.11. ist ein Tag der Straßenumzüge: Vormittags trommelt man in den Fastnachtshochburgen zum Beginn der närrischen Zeit; am Abend bewegen sich Kinderscharen mit Laternen durch das Novemberdunkel. Es ist der Tag des heiligen Martin: Früher begann nach diesem Tag die Fastenzeit vor Weihnachten. Da wurde zuvor noch einmal kräftig gefeiert, und der Heilige selbst wurde mit einer Lichterprozession geehrt.

Geboren wurde Martin im Jahr 316 in Ungarn. Damals bestand noch das große Reich der Römer. Als Sohn eines römischen Offiziers stand Martin eine glänzende Laufbahn im Militär offen. Doch eine Karriere nach unten war ihm lieber: Schon in jungen Jahren verließ Martin die Armee und wurde Christ. Er lebte zunächst als Einsiedler, gründete dann aber in Gallien (Frankreich) mehrere Klöster. Zur Ruhe kam er dort nicht, denn er wurde auf den Bischofssitz von Tours berufen. Martin sei aber so bescheiden gewesen, berichtet eine Legende, daß er dieses hohe Amt nicht annehmen wollte. Er versteckte sich in einem Gänsestall, doch das aufgeregte Schnattern der Tiere verriet ihn.

Nach einem bewegten Leben voller Missions- und Dienstreisen, die ihn auch nach Trier führten, starb Martin am 8. November 397 und wurde am 11. November begraben. Er ist der Schutzpatron des Mainzer Doms und des ganzen Bistums sowie unzähliger Pfarreien vor allem im Südwesten Deutschlands.

Die bekannteste Episode aus Martins Leben spielt noch in der Zeit, als er ein junger Soldat war: "Es geschah an einem Wintertag, daß er ritt durch das Tor von Amiens, da begegnete ihm ein Bettler, der war nackt. Da verstund Martinus, daß von ihm dem Armen sollte Hilfe kommen; und zog sein Schwert und schnitt seinen Mantel in zwei Teile, und gab die eine Hälfte dem Armen, und tat selber das andere Teil wieder um."

Eigentlich sollten die Christen den Gänsen dankbar sein, daß sie einst das Versteck des heiligen Martin verrieten und damit seine Bischofsweihe ermöglichten. Statt dessen landen sie am Martinstag auf den Tellern. Das hängt wohl damit zusammen, daß früher am Martinstag Gänse als Zins an die Landbesitzer abgeliefert werden mußten. Und dort kam das fette Geflügel am Vortag der langen Fastenzeit den Köchen und Feinschmeckern gerade recht.

Martinsgans

Zutaten: *1 frische Bauergans, Salz, 2 Stengel Beifuß, 2 Boskop Äpfel, 1/8 - 1/4 l Wasser, 1 Karotte, 1 Zwiebel, 1/2 Stange Lauch, 1 Stück Sellerie*

Zubereitung: Die Gans, falls nötig, mit einer Pinzette nachzupfen, Flügel und Hals abschneiden. Gans unter fließendem Wasser sorgfältig waschen, trockentupfen, innen und außen gut salzen, mit Beifuß sowie den geschälten und entkernten Äpfeln füllen. Die Öffnung mit Holzstäbchen und Küchengarn verschließen.

Gans mit der Brust nach unten auf den Rost in einem Bräter legen, 1/8 l Wasser zufügen und das geschlossene Gefäß in den kalten Backofen setzen. Bratzeiten auf der unteren Einschubleiste mit 210° zunächst 150 - 180 Minuten und mit 240° - 250° noch einmal 10 Minuten.

Nach einer Stunde Bratzeit die Gans wenden, das zerkleinerte Gemüse dazugeben und die Haut (aber nicht bis ins Fleisch!) vorsichtig mit einem Hölzchen einstechen, damit das Fett austritt. Während des Bratens mehrmals das Fett abschöpfen und bei Bedarf Wasser nachgießen. Nach 150 - 180 Minuten die Gans mit Salzwasser bepinseln und aufgedeckt – am besten im Deckel des Bräters – bei erhöhter Temperatur 10 Minuten lang knusprig braten. In dieser Zeit für die Soße die Röststoffe vom Rand und Boden des Bräters mit etwas Wasser lösen, den ganzen Soßenfond samt mitgebratenem Gemüse durch ein Sieb passieren und mit Salz und Pfeffer abschmecken. Gans tranchieren und anrichten, als Beilage die Soße, Semmelknödel sowie Rot- oder Grünkohl reichen.

Christa Wachsen (Mainz), Haushälterin beim Militärgeneralvikar

Hl. Elisabeth

17. November

(in Deutschland: 19. November)

Wer sein Leben in großer Leidenschaft verzehrt, wird manchmal nicht sehr alt. Die heilige Elisabeth ist mit nur 24 Jahren am 19. November 1231 gestorben. Sie stammte aus einem ungarischen Adelsgeschlecht im Tokajer Bergland. Schon als vierjähriges Kind kam sie auf die Wartburg bei Eisenach zu ihrem Verlobten, dem Landgrafen von Thüringen. Sie heiratete ihn mit 14 Jahren und liebte ihn leidenschaftlich. Drei Kindern schenkte sie das Leben, bis ihr Mann nach sechsjähriger Ehe an einem Fieber starb. Nun galt die ganze Leidenschaft der jungen Landgräfin dem Kampf um Gerechtigkeit und der Sorge für die Armen und Kranken. Sie verließ ihre schöne Burg und ließ mit ihrem letzten Geld in Marburg ein Hospital bauen. Hier pflegte sie eigenhändig die Kranken und Sterbenden.

Als Elisabeth schon 1235 heiliggesprochen wurde, sagte der Mainzer Erzbischof Siegfried III.: "Sie liebte ihre Nachbarn so sehr, daß sie sich wünschte, immer solche Menschen um sich zu haben, denen man sonst aus dem Wege ging."

Die Pflege der Kranken haben sich die Christen zu allen Zeiten zur besonderen Aufgabe gemacht, und es gibt für die Kranken auch ein besonderes Zeichen der Nähe Gottes, die Krankensalbung. Lange Zeit wurde sie als "letzte Ölung" den Menschen erst kurz vor dem Tode gespendet. Doch diese Salbung soll auch stärken und aufrichten. Darum kann sie ein Christ mehrmals empfangen, bei jeder ernsthaften Erkrankung, vor einer Operation oder in der Gebrechlichkeit des Alters.

Meine Tage sind wie Rauch geschwunden,
meine Glieder wie von Feuer verbrannt.
Vor lauter Stöhnen und Schreien
bin ich nur noch Haut und Knochen.
Ich liege wach, und ich klage
wie ein einsamer Vogel auf dem Dach.

Wenn man so einen Kranken, der hier in der Bibel ein Klagelied anstimmt, zu pflegen hat, ist in der Küche guter Rat teuer. Neue Kräfte muß die Nahrung bringen, zugleich aber bekömmlich sein, und den Appetit anregen sollte sie auch noch. Sofern der Arzt nicht bestimmte Diätvorschriften gemacht hat, kann ja mal das folgende Rezept ausprobiert werden; es ist auch für schwache ältere Menschen geeignet.

Goldwürfelsuppe

Zutaten (für 2 Personen): *3/4 l Fleischbrühe, 2 Brötchen oder 3 Scheiben Toastbrot, 2 Eier, etwas Milch, Butterschmalz, eine Prise Muskat, Schnittlauch, Salz*

Zubereitung: Die Brötchen oder das Toastbrot in kleine Würfel schneiden. Eier, Salz und Muskat mit ein wenig Milch anrühren und über die Brotwürfel gießen. Wenn die Würfel die Flüssigkeit aufgenommen haben, diese im heißen Butterschmalz gelb backen. Mit heißer Fleischbrühe übergießen und mit Schnittlauch bestreut servieren.

Schwester Rosa Halmer (Mainz), Köchin im Schwesternhaus der Vinzentinerinnen

Buss- und Bettag

Not lehrt bekanntlich beten. So ging es schon dem Volk vergangener Jahrtausende, wie die Bibel oft berichtet:

Kahl liegt das Feld, der Acker trauert:
denn das Korn ist vernichtet, vertrocknet der Wein,
das Öl ist versiegt.
Alle Bäume auf dem Feld sind verdorrt,
verdorrt ist die Freude der Menschen.
Ordnet ein heiliges Fasten an,
ruft einen Gottesdienst aus!
Zerreisst eure Herzen, nicht eure Kleider,
und kehrt um zum Herrn, eurem Gott!

In Zeiten von Not und Gefahr wurden früher oft Tage der Buße und des Betens für die Bevölkerung ausgerufen. Aus diesen aktuellen Anlässen und häufig wiederkehrenden Bußtagen entwickelte sich vor allem in den evangelischen Kirchen der Brauch regelmäßig gefeierter Buß- und Bettage. Im 19. Jahrhundert verständigte man sich auf den allgemein verbindlichen Termin eines solchen Buß- und Bettags an einem Mittwoch Ende November.

Der öffentliche Charakter dieses Besinnungstags ging zwar mit der Zeit verloren, dafür nutzen ihn viele Christen aber zur privaten Gewissensprüfung. Das Gebet für die Welt, für Frieden und Ökumene gehört ebenfalls zum Inhalt dieses Tages.

Auch bei den Katholiken, zumindest den fauleren unter ihnen, war dieser Tag beliebt: Während ihre evangelischen Mitbrüder und Mitschwestern büßten und beteten, hatten sie an diesem speziell protestantischen Feiertag einmal “kirchenfrei” und wandelten ihn nicht selten zum Bett-Tag um.

Leider wurde der Buß- und Bettag als staatlicher Feiertag 1995 abgeschafft, um mit der Arbeit dieses Tages die neue Pflegeversicherung zu finanzieren. Ob das eine gute Entscheidung war? Viele evangelische Christen setzen sich dafür ein, daß ihr Buß- und Bettag als gesetzlicher Feiertag wieder eingeführt wird.

Spezielle Buß- und Bet-Rezepte scheinen in unserer Region mit diesem stillen Novembertag kaum verbunden zu sein. Doch aus dem reichen Vorrat von Rezepten, mit denen die Katholiken seit Jahrhunderten das Überleben in den langen Fastenzeiten trainiert haben, stellen wir hier gerne die Anleitung zu einer Kartoffelsuppe zur Verfügung. Hungrig wird nach ihrem Genuß gewiß niemand vom Tisch aufstehen!

Kartoffelsuppe

Zutaten
(für 4 - 6 Personen):
15 mittelgroße Kartoffeln, 1 große Zwiebel, 1 kleine Sellerieknolle, 2 Karotten, 2 Stengel Lauch, 175 g Butter, 1,5 l Fleischbrühe, 1 Becher süße Sahne, Pfeffer, Salz, Majoran

Zubereitung:
Kartoffeln und Gemüse waschen, putzen, schneiden, mit der Butter in einem Topf weichdämpfen und dann eine halbe Stunde lang mit gut 1 l Fleischbrühe verkochen. Dann das ganze durch ein Sieb streichen oder mit einem Mixstab pürieren. Restliche Brühe zufügen, Sahne dazugeben und würzen.

Claudia Zuber (Worms-Horchheim) und der Frauenkreis der Pfarrei

Tolle! Lege! Nimm und lies!

Buchempfehlungen für alle, die noch nicht satt sind

Christliche Kochbücher

Josef Imbach: Küche, Kirche, Kochgenüsse. 142 Rezepte für Leib und Seele, Echter Verlag, 2. Auflage 1995 (Rezepte und Gedanken eines kochenden katholischen Theologen)

Angelika Thol-Hauke: Kochen durchs Kirchenjahr. Bräuche und Rezepte. Eine kulinarische Theologiegeschichte, CZV-Verlag 1996 (orientiert vor allem am evangelischen Kirchenjahr)

Naomi Goodman: Rezepte zwischen Himmel und Erde, Pattloch Verlag 1996 (Gaumenfreuden aus biblischer Zeit)

Christliche Feste und Brauchtum

Alfred Läpple: Kleines Lexikon des christlichen Brauchtums, Pattloch Verlag 1996 (handliches, bebildertes Lexikon)

Karl-Heinrich Bieritz: Das Kirchenjahr. Feste, Gedenk- und Feiertage in Geschichte und Gegenwart, Taschenbuch-Auflage, Beck Verlag 1994 (präzise, knappe Informationen zum jüdischen, katholischen und evangelischen Festkalender)

Hermann Kirchhoff, Christliches Brauchtum. Feste und Bräuche im Jahreskreis, Kösel Verlag, 2. Auflage 1996 (bebildertes Buch zu den Festzeiten mit besonders interessantem Brauchtum)

Familienbücher

Hermine König: Das große Jahresbuch für Kinder. Feste feiern und Bräuche neu entdecken, Kösel Verlag 1994 (Geschichten, Lieder, Spiele, Bastel- und Backtips für Kinder und Erwachsene)

Durch das Jahr – durch das Leben, Kösel Verlag, Neuausgabe 1995 (Hausbuch für christliche Familien mit Kindern)

Heilige

Otto Wimmer, Hermann Melzer (Herausgeber): Lexikon der Namen und Heiligen, Tyrolia Verlag 1988 (dickes Nachschlagewerk mit Kurzinformationen zu allen Heiligen sowie mit einer Einführung in den kirchlichen Kalender)

Vera Schauber, Hans-Michael Schindler: Heilige und Namenspatrone im Jahreslauf, Pattloch Verlag 1993 (informatives Nachschlagewerk)

Basilius Senger: 2000 Vornamen. Ihre Deutung und ihre Patrone mit dem Heiligenkalender, Laumann-Verlagsgesellschaft 1988 (Nachschlage-broschüre auch für ungewöhnliche Namen)

Heiligen- und Namenstagskalender im Internet

http://www.autobahnkirche.de/hk/index.htm

Religiöse Symbole und Handlungen

Egon Kapellari: Heilige Zeichen, Verlag Styria 1987 (kleine Taschenbuch-Einführung in die kirchlichen Symbole)

Otto Betz: Elementare Symbole. Zur tieferen Wahrnehmung des Lebens, Verlag Herder 1989 (kleine Taschenbuch-Einführung in die religiöse Bedeutung von Handlungen und Bildern)

Klaus Weyers: Mehr als Brot und Wein. Liturgie als Melodie des Lebens, Benno-Verlag 1992 (kleines Taschenbuch zum vertieften Verständnis der katholischen Liturgie)

Dorothea Forstner, Renate Becker (Herausgeberinnen): Neues Lexikon christlicher Symbole, Tyrolia Verlag 1991 (ausführliches Nachschlagewerk rund um Mensch, Natur und Religion)

Zu guter Letzt ein biblischer Trost für alle
mit schmaler Haushaltskasse:

BESSER EIN GERICHT GEMÜSE,
WO LIEBE HERRSCHT,
ALS EIN GEMÄSTETER OCHSE
UND HASS DABEI.

aus dem Buch der Sprichwörter

Herausgeber: Dr. Barbara Nichtweiß, Öffentlichkeitsarbeit Bistum Mainz
Rezepte: wie angegeben von Christen aus dem Bistum Mainz
Texte zum Kirchenjahr: Dr. Franz-Rudolf Weinert, Dr. Barbara Nichtweiß
Abbildungen: Religiöse Motive aus alten katholischen Hausbüchern, Bibeln und Kalendern; Vignetten u. a. von Ludwig Richter
Einband: Jesus auf der Hochzeit zu Kana (aus: Christkatholische Hauspostille 1911)
Gestaltung: K*Design, Harun Kloppe, Mainz
Druck und Herstellung: Georg Aug. Walter's Druckerei GmbH, Eltville

3. Auflage 1998

ISBN 3-9805496-6-6

Das Büchlein ist für DM 5.- im Buchhandel sowie zuzüglich Versandkosten direkt zu beziehen bei: Abteilung Öffentlichkeitsarbeit, Bischöfliches Ordinariat, Postfach 1560, 55005 Mainz
Tel. 06131/253-134, Fax 06131/253-585
e-mail: bistum-mainz@t-online.de
Internet-homepage: http://www.kath.de/bistum/mainz